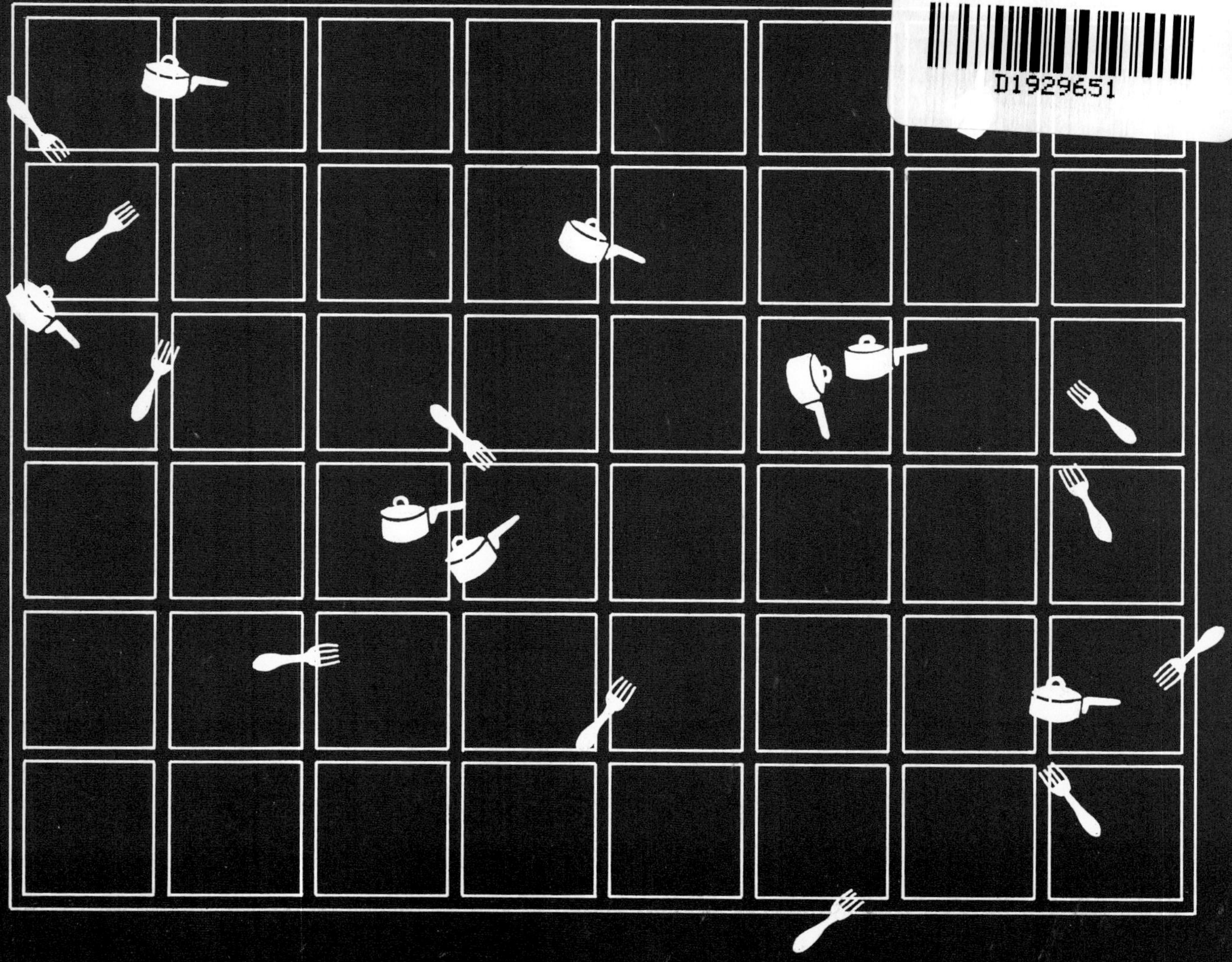

Dieses Buch gehört:

Hölkers
Koch- & Küchenkunst

Von Zopf bis Zeh' auf Knoblauch eingestellt

Rezepte mit Knoblauch

von Hans-Dietrich zur Megede

ISBN: 3-88117-408-7

Graphische Gestaltung: Rainer Eichler
Printed in Germany by Druckhaus Cramer, Greven
Buchbinderische Verarbeitung: Klemme, Bielefeld
Musterschutz angemeldet beim Amtsgericht Münster

Inhalt

Die Rezeptzutaten sind für 4 Personen berechnet, wenn nicht anders vermerkt!

Vorwort

„Der Knoblauch ist der Lotos Maghrebiniens.“

(Gregor von Rezzori)

„Einhundertachtundvierzig Jahre alt, aus Aserbeidschan, acht Kinder, vierundzwanzig Enkel, zweiundvierzig Urenkel, einhundertzwei Ururenkel, vier Urururenkel, krumme Beine, habe meine Frau überlebt und lebe noch immer ein lustiges Leben. Ich esse täglich dreimal zwei rohe Knoblauchzehen. Und lasse sie langsam genüßlich auf der Zunge zergehen. Ach, hätte es doch meine Selige auch getan.“

In allen Ländern, in denen der Knoblauch, die köstlichste aller Zehen, mit Vorliebe genossen wird, geht der Mann zäher der Zukunft entgegen. „Die Ernte eines ganzen Knoblauchfeldes“, so versicherte mir Schirali Mislimow, der Einhundertachtundvierzigjährige aus dem Dorf Kjuman, „hat meine Familie selbst gegessen. Die Frauen packen jetzt manchmal noch mehr nach der Zwiebel, als ob sie etwas nachzuholen hätten.“

Ob einmeterzweiundneunzig oder einmetereinundfünfzig – in keinem anderen Land sah ich so glückliche Menschen wie dort. Sie bildeten sich förmlich zu Wiederkäuern aus. Nur manche sahen griesgrämig drein. Die aßen keinen Knoblauch. Sie mochten ihn nicht. Sie fanden ihn unausstehlich. Sie waren bereits blasiert. Sie waren verführt von den Geruchlosen. Ja, was verbindet die Nationen des Balkans, des Mittelmeerraumes und Asiens: die große Politik, die Diplomatie des Knoblauchs. Der gemeinsame Duft. Der Rausch, so zu duften wie sein Nachbar. Für sie alle ist der Nichtknoblauchessende der Ausgestoßene. Er hat die perfide Ausdünstung.

„Ja, ja, Natascha würde noch leben, hätte sie all die schönen Knoblauchrezepte gekannt. Roh konnte sie die Zehen nicht essen. Sie mochte sie nicht. Und

ich war starrköpfig, denn ich liebte den Knoblauch nur roh. Wäre doch meine geliebte Natascha noch am Leben. Sie hätte heute sicher die schönen Knoblauchrezepte mit Ihnen ausgetauscht.“
So war es. Ich mußte nun selbst auf die Suche gehen, bei der mir ein guter Freund, Dr. Knoblauch, seines Zeichens Zahnarzt, sehr geholfen hat. Sie werden ihm übrigens auf den nächsten Seiten öfter begegnen.

Das Buch widme ich meiner Tochter Katharina, die in ihrem Leben besseren Knoblauchzeiten entgegensehen soll.

Ich wünsche Ihnen einen guten Appetit!

Ein paar Informationen vorab

Herkunft

Der Knoblauch (lat. Allium sativum), auch: Alterswurzel, Gruserich, Knoflak, Lauchkraut, Windwurzel, Knofel, Knubl, Stinkwurzel, Knoblich, Knublich, Knufloch, Knobloch, Knafloch, ist eine Zwiebel, eine Knolle, aus Zehen bestehend, kommt von Indien über Babylonien nach Ägypten. Von dort nach Griechenland, Rom und siedelt sich im Mittelmeerraum an.
Aus dem Wortstamm clobo, dem gespaltenen Stock oder Lauch, entwickelte sich das deutsche Wort Knoblauch über clofolou und dem altdeutschen Wort knobelouh.
Zu den Liliengewächsen (Liliacea) gehört der Knoblauch. Seine Verwandten sind z. B. Spargel, Porree, Küchenzwiebel, Schnitt- und Johannislauch, aber auch die Tulpe und die Herbstzeitlose. Plinius d. Ä. bezeichnete den Knoblauch bereits als ein gesundes Heilmittel und eine vorzügliche Speise. Selbst den Germanen war vor den Römern dieses Edelgewächs bekannt; das ist belegt durch Sidonius Apollinares. Heute ist er durch unsere „Neurömer“ wieder auf uns zurückgekommen.

Die Urheimat des Knoblauchs liegt in Sibirien. Dort bezahlte man seine Steuern noch bis ins 18. Jahrhundert hinein mit Knoblauchknollen.

Pflanzung

Man kann den Knoblauch selbst im Garten ziehen und im Herbst nach der Ernte zu wunderschönen Zöpfen flechten. Der Knoblauch ist einjährig. Die Zehen setzt man etwa fünf Zentimeter tief in lockere Erde im März oder Herbst. Er braucht viel

Sonne. Der Abstand beträgt von Pflanze zu Pflanze etwa zwanzig Zentimeter. Den Boden ab und zu lockern. Das Grün ist ähnlich wie der Schnittlauch zu verwenden. Die Pflanze wird etwa siebzig Zentimeter hoch.

Verwandte

Der **Knoblauchbaum** wird etwa zehn bis fünfzehn Meter hoch. Seine Rinde dient den Eingeborenen in Kamerun als Gewürz. Der Knoblauchbaum gehört zur Familie der Hülsenfrüchter.

Die **Knoblauchkröte** ist eine heimische Art und hat ein nach Knoblauch riechendes Sekret.

Der **Knoblauchpilz** ist ein kleiner Lamellenpilz mit flachem rotbraunen Hut, zähfleischig, stark nach Knoblauch riechend. Ein hervorragender Würzpilz.

Knoblauchrauke. Sie ist ein Kreuzblüter und liebt halbschattige Orte. Sie wird ca. ein Meter hoch und ist zweijährig, weißblütig, unverzweigt, salzig und hat einen intensiven Knoblauchgeruch.

Zubereitung – so oder so

1. Zehen schälen
2. Mit einem Messer grob zerdrücken
3. Durch eine Knoblauchpresse fein pressen
4. Mit einem scharfen Messer fein hacken
5. Mit einem scharfen Messer grob zerhacken
6. Ungeschälte Knoblauchzehen mitbraten
7. Knoblauch feinstens auf einer Muskatreibe reiben
8. Im Mörser zerstoßen

Knoblauch aus der Tube: Für die Damen und Herren, die den Knoblauchgeruch bereits an ihren Händen vermeiden wollen, sei der Knoblauch aus der hygienischen Tube empfohlen. Er kann den frischen Knoblauch selbstverständlich nicht ersetzen. Zwei Zentimeter sollen in etwa einer Knoblauchzehe entsprechen.

Etwa 1/8 Teelöffel Knoblauchpulver entspricht einer Knoblauchzehe. Bei Gebrauch jedoch vorher in etwas Wasser anrühren.

Für die feine Knoblauchküche sei empfohlen, den gehackten Knoblauch oder auch ganze Zehen in heißem Öl anzubraten und sie dann zu entfernen. Das Öl besitzt nun den Hauch, um die Speisen zu verfeinern.

Haltbarkeit

Frische Knollen, kühl gelagert – ein halbes Jahr;
gerieben, getrocknet, verschlossen – ein Jahr;
Knoblauchsalz, verschlossen – ein Jahr;
Knoblauchpfeffer, verschlossen – ein Jahr

Antiknofin

Falls aller Intellekt nicht ausreichen sollte, um Ihre Nachbarschaft für den Knoblauch zu gewinnen, dann sind folgende Gegenmittel angezeigt: Gewürznelken, Kaffeebohnen, Petersilie essen oder warme Milch oder Zitrone trinken.

Laut Brockhaus heißt es:
In der Medizin dienen Abkömmlinge des Chlorophylls in Form von Lutschbonbons, Pudern, Seifen, Spray zum Beseitigen üblen Körpergeruchs, da sie die Entwicklung von zersetzenden Bakterien kennen oder verhindern.

Meine Empfehlung: Nehmen Sie alles!!

Den Knoblauchrüfflern sei dieses Zitat von Gregor von Rezzori unter die Nase gerieben:
„Diesen Toren ist nicht zu helfen. Es sei denn, man setzte ihnen, ohne daß sie's wissen, immer wieder die köstlichen, mit Knoblauch zubereiteten

Gerichte vor, bis sie selber merken, wie leicht es möglich ist, die Zehen dieser einzigartigen Würzknolle so zu dosieren, daß nichts von deren eigenem Geschmack zu spüren ist, sondern nur der erhöhte Wohlgeschmack des jeweiligen Gerichts."

Tips

Ein absoluter Hit für kalorienbewußte Esser ist der Knoblauch, denn jede Knoblauchzehe hat nur 3 Kalorien oder 15 Joule. Eine Knoblauchzwiebel besteht in etwa aus 10 bis 15 Zehen oder Klauen.

Beim Empfang von Freunden und Gästen aus nichtknoblauchessenden Ländern bitte unbedingt als vornehme Geste darauf achten, daß, bevor die südländischen Begrüßungsküsse ausgetauscht werden, dem Freund zart, aber mit Vehemenz eine knackige Knoblauchzehe auf die Zunge gelegt wird. Die Begrüßung ist durch den gemeinsamen Odem doppelt herzlich.

Leidenschaftliche Knoblauchesser

1. Dimitri Dinos: Rohe Knoblauchzehen
2. Napoléon: Huhn à la Marengo
3. Friedrich der Große: Rindfleisch in Branntwein und Knoblauch
4. Heinrich IV.: Er biß fröhlich in den Knoblauch und stank wie ein Ziegenbock zehn Meter gegen den Wind.
5. Dr. Knoblauch: In allen Variationen!

Eduard Knoblauch (1801–1865) war maßgeblich am Ausbau des alten Berlin beteiligt.

Indikationen

Der Knoblauch ist ein Jungbrunnen, hilft bei Gelbsucht und hohem Blutdruck, bei Darmstörungen und Frostbeulen, bei Asthma und Bronchitis, stärkt die Nerven und unterstützt den Kreislauf, hilft bei Insektenstichen und Gerstenkörnern (schmerzende Stellen von Zeit zu Zeit mit Knoblauchzehen einreiben).

Übrigens: Jeder kann einmal bewußtlos werden. Darum immer eine Knoblauchzehe bereithalten. Sofort dem Bewußtlosen unter die Nase reiben, und er ist schnell wieder bei Besinnung.

Guther Rat in Triebsinnigen Tagen

(Schlesisch)

Neben anständigem Branntweine hilft Knoblauch fast gegen alles. Wenn's ei'm Ranza zwickt, der sull sich anne Bähschniete mit viel frischem Knoblauch mache. Doas werkt Wunder! War de zu dickes Blatt gekriegt hoat, braucht sich nimme mit Blutegeln rumzuärgern. Frischer Knoblauch, täglich zu sich genumma, hilft! Von anderen Gelägaheeta ganz zu schweiga.

(Aus: Barbara Strehlow „Die Knoblauchschmiede", Verlag Rautenberg, 1977.)

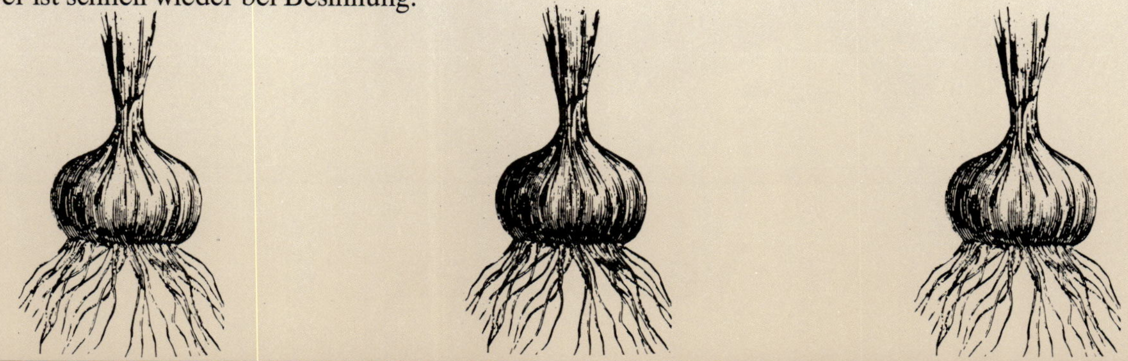

Vorspeisen

Geröstete Knoblauchzehen

(für 2 Personen)

12 Knoblauchzehen, 2 Eßlöffel Butter, 2 Eßlöffel Olivenöl, 1 Messerspitze weißer Pfeffer, 1 Prise Salz

In einem Schmortopf zuerst das Öl, dann die Butter erhitzen. Die gepellten Knoblauchzehen werden nebeneinander in den Topf gelegt; sie müssen von dem Fett bedeckt sein. Im vorgeheizten Backofen bei 180 °C unter gelegentlichem Begießen backen. Heiß mit Toast als Naschhäppchen servieren.

Weißbrotscheibe I

Eine Weißbrotscheibe mit Öl bestreichen, mit geriebenem Knoblauch und Salz bestreuen.

Weißbrotscheibe II

Eine Weißbrotscheibe wird geröstet.
Sonst verfahren wie unter I.

Weißbrotscheibe III

Eine Weißbrotscheibe wird auf offenem Feuer geröstet und frisches Rosmarin in die Glut gestreut. Mit Öl betupft, mit gehacktem Knoblauch und Salz bestreut, hat dieses Brot den raffiniertesten Geschmack.

Mischbrotschnitte

Eine frische Mischbrotschnitte wird mit Grieben-schmalz bestrichen und mit geriebenem Knoblauch bestreut.

Filetierte Sardinen

Sardinen filetieren und einige Tage in Weißwein-essig legen. Dann portionieren zu ca. 10 Stück, mit gehackter Petersilie bestreuen. Eine gehackte Knoblauchzehe dazugeben. Einen Teelöffel Essig-sud darübergießen. Das Ganze kalt servieren und am besten zusammen mit einer Scheibe Weißbrot an der frischen Luft essen.

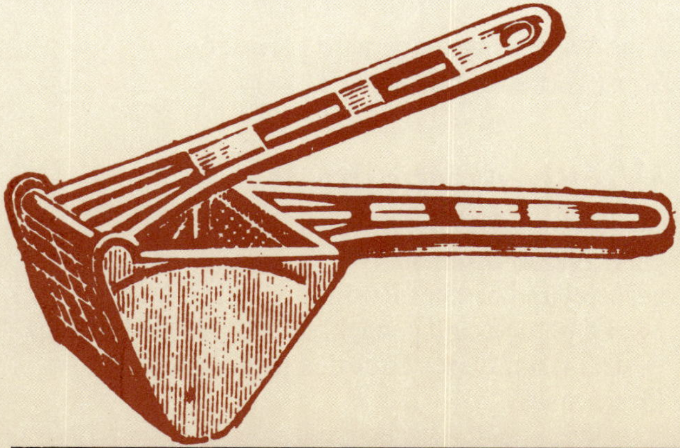

Gefüllte Weinbergschnecken mit Knoblauchbutter

Man kann dieses Gericht überall kaufen. Die Schnecken nach Angabe gratinieren. Dazu ein Stückchen Weißbrot reichen, um den Sud bis zum letzten Tropfen aufsaugen zu können. Man reicht je nach Appetit 6 oder 12 Schnecken. Wenn Sie aller-dings die Knoblauchbutter selbst bereiten möchten, dann machen Sie das nach dem Rezept auf Seite 56. Die Schnecken bekommen Sie im Fachgeschäft, und auch die Häuschen dazu.

Tartarbrot für eine Knufel-Party

1 kg Tartar (ganz frisch), 2 große, feingehackte spanische Zwiebeln, 4 Eigelb, 4 geriebene Knoblauchzehen, 1 Eßlöffel gehackte Kapern, 1 Eßlöffel feinstes Olivenöl, Salz, weißer Pfeffer aus der Mühle, Paprika edelsüß, 3 Gläschen Weizenkorn, Butter, Bauernbrot

Das Hackfleisch möglichst auf einer Keramikplatte o. ä. flach ausbreiten, nach Geschmack pfeffern und salzen, darüber die Zwiebeln geben, ebenso die Kapern, den Knoblauch, Öl sowie Paprika. In die Mitte des Tartars die vorher vermischten Eigelbe setzen. Das Ganze wird nun mit einer Gabel vermengt. Am besten ist es, jetzt mit den Händen weiterzuarbeiten. Abschmecken. Was an Gewürzen fehlt, wird beim letzten Knetvorgang hinzugegeben. In die Mitte des Tartars eine Mulde formen, die 3 Weizenkorn hineingeben und die eventuell fehlenden Zutaten.

Die kräftigen Bauernbrotscheiben mit guter Butter bestreichen und als Aufstrich mit dem Tartar nicht sparen.

Fromage tartare

Pro Person 1-2 Scheiben dunkles Brot dünn mit Butter bestreichen. Darauf spendabel den Käse tartare, es ist ein herrlicher Knoblauch-Kräuter-Käse aus Frankreich, verteilen und mit rohen Gurkenscheiben (ungeschält) belegen. Es sollten Gartengurken sein, die man mit ein wenig Salz bestreut.

Tomatenweißbrot

Pro Person eine Scheibe frisches Weißbrot mit reichlich Butter bestreichen und mit Tomatenscheiben belegen. Mit Salz, Knoblauchpfeffer und kleingehackten Schalotten bestreuen.
Dieser Appetithappen schmeckt zu jeder Jahreszeit!

Knoblauchbrot

Ein Baguette in Stückchen von ca. 1 cm zerteilen, aber so, daß der Boden des Brotes erhalten bleibt. Die vorgefertigte Knoblauchbutter (siehe Rezept Seite 56) streicht man in jede der angeschnittenen Scheiben. Das Brot wird mit einem Rosmarinzweig in eine Alufolie gewickelt, dann bei 200°C in der Backröhre 20 Minuten überbacken. Es kann zu Salaten oder allem Gegrillten serviert werden.

Auberginencreme auf Toast

(für 2 Personen)

1 Aubergine, 1 Fleischtomate, 2 Knoblauchzehen, Saft von 1 Zitrone, 1 Teelöffel Olivenöl, Salz, Pfeffer, 2 Scheiben Toastbrot, 2 Eßlöffel Petersilie, 2 Stengel Bleichsellerie

Bei 200°C wird die Aubergine auf einer Alufolie 30 Minuten gebraten. Wenn sie dunkelbraun und aufgeplatzt ist, wird mit einem Löffel das Fruchtfleisch herausgehoben.
Die Aubergine mit der gehäuteten und entkernten Tomate, dem gepreßten Knoblauch, mit Olivenöl, Salz, Pfeffer und dem Zitronensaft im Mixer pürieren und abschmecken.
Die Toastscheiben werden mit der Creme reichlich bestrichen und mit gehackter Petersilie bestreut. Dazu knabbert man die Selleriestangen.

Avocado-Creme

2 Avocados, 50 g süße geraspelte Mandeln, 2 Knoblauchzehen, 1 Eßlöffel Rotweinessig, 2 Teelöffel Öl, Salz, schwarzer Pfeffer aus der Mühle

Die reifen Avocados werden halbiert und entkernt. Das Fruchtfleisch wird vorsichtig mit einem kleinen spitzen Löffel aus der Schale gelöst.
In einem Mixer werden die Avocados, die Mandeln, der gepreßte Knoblauch zusammen mit Öl und Essig püriert. Mit Salz und Pfeffer abschmecken und Toastbrot dazu servieren.

Tsatsikji

1/2 Salatgurke, 1 Bund Petersilie, 3 Knoblauchzehen, 200 g Quark (20% oder 40% Fettgehalt), 2 Becher Joghurt, 1/2 Teelöffel Rotweinessig, 1/2 Eßlöffel Olivenöl, Salz, schwarzer Pfeffer aus der Mühle, 4 Oliven

Die geschälte Gurke mit einem spitzen Teelöffel entkernen, sehr fein hacken oder raspeln. Den geschälten Knoblauch durchpressen. Den Quark mit dem Joghurt, Essig und Olivenöl, der feingehackten Petersilie, dem Knoblauch und den Gurkenstückchen mischen. Salzen und pfeffern nach eigenem Geschmack. Zugedeckt im Kühlschrank ruhig ein paar Stunden ziehen lassen.
Vor dem Servieren das Tsatsikji noch einmal durchrühren und dann in 4 Keramikschälchen verteilen mit je 1 Olive als Dekoration.
Dazu frisches Mischbrot mit knackiger Kruste essen.

Knoblauchquark

200 g Quark (40% Fettgehalt), 1 kleine gehackte Zwiebel, 1 Teelöffel gehackter Schnittlauch, 1/4 Teelöffel Salz, 1/4 Teelöffel schwarzer Pfeffer, 1 Knoblauchzehe

Den Quark in einen Tontopf geben und alle anderen Zutaten mit einer Gabel daruntermischen. Dazu paßt vorzüglich ein Mischbrot, das aber auch noch zusätzlich mit Gartengurken und Tomatenscheibchen belegt werden kann, die ein wenig gepfeffert und gesalzen worden sind.

Joghurt-Kaltschale

3 Becher Joghurt, 2 Knoblauchzehen, 1/4 l Eiswasser, 1 Eßlöffel Essig, 3 Eßlöffel Olivenöl, 1 Eßlöffel Dill, 1 Salatgurke, 4 Walnußkerne, Salz, Pfeffer

Den Joghurt mit Eiswasser und Essig gut verrühren. In einem Mörser den Knoblauch mit wenig Salz zerstampfen. Nach und nach das Öl daruntermischen. Nun mit dem Joghurt vermengen und mit dem gehackten Dill und Pfeffer abschmecken. Die feingeraspelte Gurke wird daruntergehoben und die Kaltschale mit grobgehackten Walnüssen dekoriert. Dazu frisches Mischbrot reichen.

Salat aus der Provence

1 Dose Artischockenböden, 3 Fleischtomaten, 6 Sardellenfilets, 8 schwarze Oliven, 3 Eßlöffel Olivenöl, 3 gepreßte Knoblauchzehen, 1 Teelöffel gehackte Basilikumblätter, 1 Eßlöffel Estragonessig, Salz, schwarzer Pfeffer aus der Mühle

Die abgetropften Artischocken vierteln und in eine Salatschüssel geben. Die Tomaten abziehen, halbieren, in Scheiben schneiden, die Sardellen ganz fein hacken, die Oliven halbieren und entkernen und alles mit den Artischocken vermengen. Aus den übrigen Zutaten eine Salatsauce zubereiten, abschmecken und unter den Salat mischen.

Ganz nebenbei bemerkt …

Kein Koch hält es lange bei Edward Koch aus. In weniger als vier Amtsjahren hat jetzt bei New Yorks Bürgermeister der vierte Küchenchef den Kochlöffel hingeworfen.
Cindy, die hübsche vierundzwanzigjährige Absolventin des Kochkunst-Instituts von Amerika – übrigens berühmt für ihre scharfe „Edward-Koch-Salatwürze" –, verriet kürzlich einem Reporter ihr Küchengeheimnis: „Fast unglaublich, wieviel Knoblauch und Sardellen er in einem Bissen nehmen kann."

Artischockensalat I

2 Dosen Artischockenherzen, 6 gepreßte Knoblauchzehen, 1 Bund glatte Petersilie (gehackt), 2 Eßlöffel zerriebene Minze, 8 Eßlöffel Olivenöl, 1 Eßlöffel Rotweinessig, Salz, weißer und schwarzer Pfeffer aus der Mühle

In eine Keramikschüssel alle Zutaten geben, mit Ausnahme der Artischocken, und mit einem Schneebesen verschlagen. Dann die gut abgetropften Artischockenherzen untermengen, in den Kühlschrank stellen und kühl zu Weißbrot servieren.

Artischockensalat II

12 Artischockenherzen aus der Dose, 1 Eßlöffel Estragonblättchen, 2 Knoblauchzehen, 1 Teelöffel Salz, weißer Pfeffer aus der Mühle, 1/8 l Olivenöl, 2 1/2 Eßlöffel Weinessig, 2 geschälte Zitronenscheiben

Den gepreßten Knoblauch, Salz und etwas Pfeffer mit dem Estragon in einer Schüssel verrühren. Olivenöl, Essig und die Zitronenscheiben dazugeben. Alles verrührt über die gut abgetropften Artischockenherzen geben und diese in der Marinade 12 Stunden ziehen lassen. Hin und wieder wenden.

Salat „Anuschka“

250 g gekochtes mageres Rindfleisch, je 1 rote und grüne Paprikaschote, 1 große Zwiebel, 2 gepreßte Knoblauchzehen, 2 Tassen gekochter Reis (al dente), 4 Eßlöffel Öl, 3 Eßlöffel Petersilie (gehackt), 2 Eßlöffel Estragonessig, Salz, Tabasco

Rindfleisch, Paprika, Zwiebel würfeln, in eine Salatschüssel geben und mischen. Nun die Gewürze und den Reis untermengen. Zum Schluß mit Tabasco den individuellen „Pfiff“ geben.

Griechischer Salat

1 Eisbergsalat, 1 Mittelmeergurke, 2 Fleischtomaten, 2 große Zwiebeln, je 1 rote und grüne Paprika, 125 g Schafskäse, je 5 halbierte Oliven, schwarz und grün, 2 gepreßte Knoblauchzehen, 1 Eßlöffel Zitronensaft, 3 Teelöffel Olivenöl, Salz, Pfeffer, 1 Teelöffel Oregano

Die geschälten Zwiebeln sowie die ungeschälte Gurke in Scheiben schneiden, ebenso die entkernten Paprika und auch die entstielten, gepellten Tomaten. Diese Zutaten auf dem gewaschenen und in daumenlange Stückchen zerteilten Salat verteilen.
Den kleingebröckelten Schafskäse und die weiteren Zutaten darübergeben und mit Oregano bestreuen. Sofort servieren.

Kichererbsensalat

1 Glas Kichererbsen, 1 Dose Thunfisch, 1 Fleischtomate, 2 Schalotten, 1 Knoblauchzehe, 1/2 Teelöffel Senf, 3 Eßlöffel Essig, 6 Eßlöffel Olivenöl, Salz, Cayennepfeffer, Petersilie, Salatblätter

Die Kichererbsen abgießen und den Thunfisch abtropfen lassen. Die Schalotten und die geschälte Tomate würfeln. Alles auf den Salatblättern anrichten. Den gepreßten Knoblauch mit Salz, Cayennepfeffer, gehackter Petersilie und dem Essig sowie dem Öl verrühren und über den Salat geben.

Gambas à la plancha

16 große frische Gambas, 4 Eßlöffel Olivenöl, 6 Knoblauchzehen, Salz, Zitronensaft nach Geschmack

Die Gambas waschen und trocken tupfen. In einer großen Pfanne das Öl erhitzen und die Gambas mit den ungeschälten, aber zerdrückten Knoblauchzehen von allen Seiten anbraten. Nach 5 Minuten mit wenig Salz bestreuen und noch einmal wenden. Sofort auf vorgewärmten Tellern anrichten. Mit Zitronensaft beträufeln und einen kleinen, frischen Mischsalat sowie Baguette dazu servieren.
Die Gambas werden mit den Händen aus der Schale gelöst. Daher sollten Sie 4 Fingerschälchen bereithalten, jeweils mit einer Zitronenscheibe bestückt.

Gegrillte Gambas

500 g Gambas, 4 Eßlöffel trockener Weißwein, 4 Eßlöffel spanischer Weinbrand, 1 Eßlöffel Zitronensaft, 2 Knoblauchzehen, 1/8 l Olivenöl, 1/2 Teelöffel Pfefferkörner, Salz, 2 Zitronen

Die tiefgefrorenen und geschälten Gambas abspülen und in einer Schüssel auftauen lassen. Den

gehackten Knoblauch mit Öl, Salz, Pfefferkörnern, Zitronensaft, Brandy und Weißwein zum Kochen bringen. Einige Minuten ziehen lassen und den Sud noch heiß über die Gambas geben. Bei gelegentlichem Wenden 10 Minuten marinieren und abtropfen lassen. Im vorgeheizten Grill von jeder Seite 3 Minuten grillen.
Zu dieser Vorspeise werden warme Toastbrotscheiben und Zitronenspalten gereicht.

Tintenfisch, rustikal

1 kg kleine Tintenfische, 12 Knoblauchzehen,
4 Eßlöffel Olivenöl, Salz, Pfeffer aus der Mühle,
1 Bund Petersilie, Saft von 2 Zitronen

Die aufgetauten Tintenfische ausnehmen, waschen und trocken tupfen. In heißem Öl von allen Seiten mit den ungeschälten, aber zerdrückten Knoblauchzehen goldbraun braten. Salzen, pfeffern und mit der gehackten Petersilie bestreuen. Jeder beträufelt die Tintenfische nach eigenem Geschmack mit Zitrone. Dazu geröstetes Weißbrot reichen.

Gefüllte Champignons

Große frische Champignons von den Stielen befreien. Die Hüte säubern, die Stiele anderweitig verwenden. Man füllt pro Person etwa 4 bis 6 Pilze mit Knoblauchbutter (siehe Rezept Seite 56) und gibt sie in einen bei 200°C vorgeheizten Backofen. Nach 20 Minuten mit Weißbrot zu Tisch bringen. Auch zu gebratenen jungen Tauben paßt diese Beilage gut.

Gebratene Champignons

Man würfelt pro Person 5 große Pilze, pellt und zerhackt 1 Knoblauchzehe und gibt beides in eine mit 1 Eßlöffel Olivenöl erhitzte Pfanne. Der Inhalt wird bei starker Hitze 5 Minuten unter ständigem Wenden gebraten. Nun fügt man 1 Teelöffel gehackte Petersilie und 1 Teelöffel Zitronensaft hinzu. Nach weiteren 2 Minuten wird zu Tisch gebeten und zu einer Toastscheibe oder aber als Hauptgang zu Hammelkoteletts serviert.

Spinatsoufflé

1 kg Tiefkühlspinat ohne Zutaten, 4 gepreßte Knoblauchzehen, 2 Eier (geteilt), 125 g geriebener Emmentaler Käse, 2 Teelöffel Butter, 1 gehackte Schalotte, geriebener Muskat, Salz, weißer Pfeffer aus der Mühle

In einem mittleren Kochtopf in der Hälfte der erhitzten Butter die Schalotte glasieren. Den Tiefkühlspinat hinzugeben, bei schwacher Hitze auftauen und garen lassen. Die überschüssige Flüssigkeit abgießen. Den Spinat ein wenig abkühlen lassen und mit den Gewürzen und dem Knoblauch kräftig anreichern. In das Ganze die Eigelbe hineinrühren, das geschlagene Eiweiß sowie ⅔ des Käses darunterheben. Eine Auflaufform mit der restlichen Butter ausstreichen und die Soufflémasse einfüllen. Den verbliebenen Käse darüberstreuen. Ihre Gäste warten nun gespannt darauf, wenn aus dem vorgeheizten Backofen bei 220°C und nach gut 30 Minuten Backzeit das Soufflé serviert wird.

Wachteleier auf Spinat

8 Wachteleier, 400 g tiefgefrorener Blattspinat, 1 feingehackte Zwiebel, 1 geriebene Knoblauchzehe, 30 g Butter, 1 Messerspitze geriebener Muskat, Salz, weißer Pfeffer

Die Butter in einem Topf schmelzen, die Zwiebeln und den Knoblauch darin glasieren. Nun den Spinat nach Anweisung der Packung hinzugeben. Kurz vor dem Servieren mit Muskat, Salz und Pfeffer abschmecken. Auf ganz großen, vorgewärmten Tellern in die Mitte geben und jeweils mit 2 Wachtelspiegeleiern dekorieren.
Eine Snob-Vorspeise!

Die Knoblauchzehen mit allen Kräutern und Gewürzen in ein verschließbares Glas geben. Den Essig mit dem Wasser aufkochen und kochendheiß zuschütten. Erkalten lassen. Nun das Glas verschließen und an einem kühlen Ort 48 Stunden ziehen lassen. Dann den ersten Probelauf starten und Freunde einladen, denn diese Appetitanreger gehören zu jeder Knoblauchparty.

Knoblauch nach russischer Art

6 gepellte Knoblauchknollen, 1/8 l Branntweinessig, 1/8 l Wasser, 1 große gewürfelte Zwiebel, 1 Teelöffel Borretsch, 1 Teelöffel Dill, 1 Teelöffel Estragon, 1 Teelöffel Senfkörner, 1/2 Teelöffel schwarzer Pfeffer, 1/2 Teelöffel Salz, 1/2 Teelöffel Zucker, 1/2 Teelöffel Basilikum, 1 Kirschblatt, 1 Weinblatt, 1 Lorbeerblatt

Seit Bram Stockers weltberühmtem Roman „Dracula" weiß man, daß der weiße Knoblauchzopf am Fensterkreuz die bösen Blutsauger aufheulend zum nächsten ungeschützten Opfer treibt.

Pikantes aus dem Topf

500 g Champignons (gesäubert und zerkleinert), je 500 g grüne und rote Paprikaschoten (in breite Scheiben geschnitten), 250 g rote Zwiebeln (in Ringe geschnitten), 10 Knoblauchzehen, 1 frischer Zweig Rosmarin, 2 Lorbeerblätter, 1 Eßlöffel scharfe Pfefferkörner (gemahlen), 1 Flasche Kräuteressig (0,7 l), 2 1/2 gestr. Eßlöffel Salz, 150 g Zucker

2 l Wasser mit 1 Eßlöffel Salz zum Kochen bringen. Die Paprikastreifen und die Champignons 2 Minuten darin aufkochen. Danach in einem Sieb abgießen und mit etwas kaltem Wasser abschrecken. Die Knoblauchzehen auf einen Holzspieß stecken. Alles in einen hohen Topf mit den Zwiebelringen und Gewürzen füllen. 1/4 l Wasser mit dem Essig, dem restlichen Salz und dem Zucker aufkochen lassen und gleich über das Eingelegte gießen. Dann den Topf verschließen.
Einen Tag ziehen lassen. Danach den Sud abschütten, wieder aufkochen und von neuem über das Gemüse gießen. Jetzt den Topf kühl aufbewahren.
Nach etwa 4 Wochen die ersten Bissen nehmen. Denn erst jetzt hat das Gericht die pikante Note erreicht.

Eingelegte Champignons

800 g Champignons, 4 Schalotten, 1/2 l Hühnerbrühe, 1/4 l herber Weißwein, 3 Eßlöffel Zitronensaft, 4 Eßlöffel Olivenöl, 2 Knoblauchzehen, 1 Teelöffel Salz, 1/2 Teelöffel Thymian, 1 Bund Petersilie (gehackt), 1 Teelöffel Senfkörner, 1 Lorbeerblatt

Hühnerbrühe, Wein, Zitronensaft, Öl, Petersilie, gehackten Knoblauch, Salz und Thymian in einem Topf köcheln lassen. Die geputzten kleinen Champignons mit den Schalottenscheiben, dem Lorbeerblatt und den Senfkörnern der Brühe zugeben und 10 Minuten mitkochen lassen. Den Inhalt heiß in ein Gefäß füllen und erkalten lassen.
Die Champignons sollten spätestens nach 1 Woche verzehrt sein. Mit kleinen Spießchen werden sie gereicht.

Eingelegte Pfifferlinge

500 g Pfifferlinge, 125 g Zwiebeln, 2 Knoblauchzehen, 3 Eßlöffel Olivenöl, 1/8 l entfettete Brühe, 3 Eßlöffel Essig, 1/2 Bund glatte Petersilie, Salz, frisch gemahlener Pfeffer

Die Pfifferlinge putzen. Die feinstgewürfelten Zwiebeln und den gehackten Knoblauch in dem heißen Öl glasig schmoren. Die Pilze hinzugeben. Nach Geschmack salzen und pfeffern und 5 Minuten schmoren. Jetzt die Brühe sowie den Essig zugießen und kurz aufkochen lassen.
Die Vorspeise ist für 12 Personen gedacht und wird kalt serviert. Die gehackte Petersilie erst kurz vor dem Anrichten unterziehen.

Armenische Mixed Pickles

1 Weißkohl (750 g), 500 g Brechbohnen, 500 g Karotten, 1 Blumenkohl (500 g), 250 g Zwiebeln, 1 Knoblauchknolle, 3 Stengel Selleriegrün, 1/2 Stange

Meerrettich, 1 Eßlöffel Kümmel, 1 Eßlöffel Senfkörner, 1 Eßlöffel Fenchelkörner, 1 Eßlöffel Korianderkörner, 1 Eßlöffel getrocknete, zerkleinerte Chilischoten, 800 ccm Apfelessig, 1 Eßlöffel Zucker, 2 Eßlöffel Salz, 2 1/2 l Wasser

Den Weißkohl achteln, und den Strunk entfernen. Die gewaschenen Bohnen groß brechen, in kochendem Salzwasser 10 Minuten garen und kalt abschrecken. Die geputzten Karotten in Scheiben schneiden. Den gewaschenen und gesäuberten Blumenkohl in Röschen teilen. Die geschälten Zwiebeln in Scheiben schneiden. Die Knoblauchzehen pellen. Meerrettich schälen und in Scheiben schneiden. Die Blätter von den Selleriestangen entfernen. Die Stengel waschen und in Stückchen teilen. Nun das Ganze in ein großes Glas schichten. Wasser, Essig, Salz und Zucker sowie die restlichen Gewürze einmal aufkochen und behutsam über das Gemüse gießen. Der Sud muß das Gemüse gut bedecken. Man legt einen Teller, der mit einem Stein beschwert ist, darüber.
Kühlgestellt sollten die Mixed Pickles 3 Monate durchziehen. Dann liegt die Haltbarkeit bei 8 Monaten. Eine Mengenangabe ist hierbei nicht erforderlich. Man nascht einfach davon.

Kürbis, portugiesisch

2,5 kg Kürbis, 500 g Tomaten, 1 große Zwiebel, 2 Knoblauchzehen, 1 Eßlöffel Zucker, 1/2 Teelöffel

Salz, 1/2 Teelöffel Pfeffer, 2 Nelken, 4 Teelöffel Rotweinessig, 1/2 Teelöffel Ingwerpulver, 4 Eßlöffel Olivenöl

Den geschälten und entkernten Kürbis in Würfel (1/2 Daumenlänge) schneiden. Mit den überbrühten und geschälten, gewürfelten Tomaten in dem heißen Olivenöl unter Zugabe der gepellten, zerdrückten Knoblauchzehen und der feingewürfelten Zwiebel 10–15 Minuten andünsten. Nun den Essig und die Gewürze dazugeben und noch einmal 15 Minuten kochen lassen. Danach in Gläser geben, erkalten lassen und nach 48 Stunden den ersten Probebiß nehmen.

Marinierte Zucchini

250 g Zucchini, 3 Eßlöffel Olivenöl, 1 Teelöffel Salz, 8 Blätter Basilikum, 1 Knoblauchzehe, 1 Eßlöffel Weinessig und Öl zum Beträufeln

Die gewaschenen und von den Stielen befreiten Zucchini in Scheiben schneiden und in heißem Olivenöl von beiden Seiten anbraten. Danach abtropfen lassen. Salzen und schichtweise mit dem ganz fein gehackten Basilikum und dem gepreßten Knoblauch belegen. Auf jede Lage etwas Essig und Olivenöl geben. 24 Stunden im Kühlschrank ruhen und ziehen lassen.

Marinierte Tintenfische

250 g Tintenfischringe (tiefgefroren), 1/8 l Wasser, 1/8 l Kräuteressig, 1 Zwiebel, 2 Knoblauchzehen, 1 Eßlöffel Zucker, 1 Lorbeerblatt, 1 Nelke, 3 Wacholderbeeren, 1/2 Teelöffel Salz, 4 Pfefferkörner, 3 Eßlöffel Olivenöl

3 Minuten werden die unaufgetauten Tintenfischringe in kochendes Wasser gegeben. Danach abtropfen lassen. Den Sud aus Wasser, Essig, gehackter Zwiebel, gepreßtem Knoblauch und allen Gewürzen 5 Minuten aufkochen, danach

erkalten lassen und mit dem Öl über den Tintenfisch geben.
24 Stunden im Kühlschrank zugedeckt ziehen lassen. Es empfiehlt sich, wie zu vielen Knoblauchgerichten, kaltes oder warmes Stangenweißbrot zu servieren.

Sojabohnensprossen, mariniert

400 g Sojasprossen aus der Dose, 150 g Glasnudeln, 5 schwarze Oliven, 1 Karotte, 1 Knoblauchzehe, 1 Lorbeerblatt, 2 Eßlöffel Sojasauce, 3 Eßlöffel Olivenöl, 3 Eßlöffel Weinessig, Salz

In Salzwasser wird die geputzte und in kleine Scheibchen geschnittene Karotte blanchiert. Aus dem Öl, dem Essig, der Sojasauce, dem gepreßten Knoblauch und dem zerstoßenen Lorbeerblatt eine Salatsauce rühren. In einen Steintopf die Sojasprossen geben und mit der Salatsauce begießen. Über Nacht ziehen lassen. Nun werden die Glasnudeln 5 Minuten gekocht; abgetropft werden sie mit der Karotte, den geviertelten Oliven und den Sojasprossen vermischt.
Wer Stäbchen anbieten mag, sollte darauf nicht verzichten. Aber wer hat bei uns schon 4 Paar davon am Lager?

Ganz nebenbei bemerkt …

Dr. Knoblauchs Lieblingsmonat ist der Mai. Dann fährt er mit seinem Auto zur Knoblochsaue bei Erfelden. Es ist ein Naturschutzgebiet am Altrhein. Auf der Brücke, die über einen Arm des Altrheins führt, bleibt er für einige Augenblicke stehen und sieht beschaulich dem Wasserspiel, ausgelöst durch die schwimmenden Wildenten, und den schönen ästhetischen Flugbewegungen der Möwen zu. Dann wandert er an der Hinweistafel mit Wanderwegen vorbei; er kennt seine Route. Langsam kommt ihm nun schon der Duft des Bärlauchs (Allium ursinimum L.) entgegen. Sein Schritt wird

schneller. Unter den Bäumen liegt ein Bärlauchteppich. Der Duft ist frischer Ozon für Dr. Knoblauch. Jugoslawinnen – er hat sie nach ihrer Herkunft befragt – pflücken die für sie so große Delikatesse. Abends gibt es diese Blätter zerkleinert mit Rotweinessig, Distelöl, Pfeffer und Salz als Salat zubereitet.

Dr. Knoblauch hat nun auf eine kleine Zwischenmahlzeit Appetit. In der Förstereigastwirtschaft läßt er sich einen Tomatensalat mit gehacktem Knoblauch und ein Glas Apfelwein servieren.

Iß Knoblauch zu jeder Zeit
und Bärlauch im Mai,
dann haben die Ärzte
das ganze Jahr frei.

(Russisches Sprichwort)

Notizen:

Suppen

Dr. Knoblauchs liebste Schneckensuppe

(für 2 Personen)

24 Schnecken, 50 g Butter, 40 g Stärkemehl, 1/8 l Fleischbrühe, 1/8 l herber Weißwein, 1 geriebene Knoblauchzehe, 1 kleine feingehackte Zwiebel, Salz, grober schwarzer Pfeffer aus der Mühle, 1/2 Becher süße oder saure Sahne, 1 Eßlöffel gehackte Petersilie

Zunächst eine weiße Sauce herstellen, indem das Stärkemehl in der Butter leicht gedünstet wird und zu gleichen Teilen Fleischbrühe und Wein langsam hinzukommen.
Nun die feingehackten Schnecken sowie Knoblauch, Zwiebel, Pfeffer und Salz hinzugeben.
2 Minuten kochen lassen. Die Sahne zusammen mit der Petersilie einrühren und 3 Minuten köcheln lassen. Abschmecken und mit einem Schuß Weißwein verfeinern.
Eine Delikatesse, die in heißen kleinen Tassen serviert wird. Dazu Toastbrot und herben Weißwein reichen. Es kann ein Nachschlag gewährt werden.

Sauerampfersuppe

250 g gehackter Sauerampfer, 2 große gewürfelte Zwiebeln, 4 gepreßte Knoblauchzehen, 2 Eßlöffel Olivenöl, 1 l kräftig abgeschmeckte Hammelbrühe

Die Zwiebeln und den Knoblauch in dem Öl glasieren und durch ein Sieb passieren. Es muß ein cremiges Püree entstehen. In die aufgekochte Hammelbrühe das Püree und den Sauerampfer mit einem Schneebesen unterziehen und sofort servieren.
Natürlich sind für alle heiß gereichten Gerichte die Teller oder Tassen vorgewärmt.

Brennesselsuppe

1 großes Bund Brennesseln, 1 feingewürfelte Zwiebel, 2 gewürfelte Kartoffeln, 1 gepreßte Knoblauchzehe, 1/2 Eßlöffel Olivenöl, 1/4 l süße Sahne, 1 l Rinderbrühe, Salz, weißer Pfeffer aus der Mühle

Zwiebeln, Knoblauch und die Kartoffeln im Schmortopf glasig dünsten. Nun die Brennesselblätter und -sprossen hinzugeben und in der Brühe 15 Minuten köcheln lassen. Würzen. Die Sahne unterziehen und mit Knoblauchbrot (siehe Rezept Seite 20) servieren.
Beachten Sie: Nur im Monat Mai sind die Brennesseln genießbar!

Wildgemüsesuppe

1 großes Bund Gänsefuß (grob gehackt), 4 gewürfelte Kartoffeln, 1 l Rinderbrühe, 2 feingewürfelte Zwiebeln, 4 gepreßte Knoblauchzehen, 2 Eßlöffel Olivenöl, Salz, weißer Pfeffer aus der Mühle, 1 Eßlöffel Sauerampfer

In der Brühe die Kartoffeln 10 Minuten kochen. Im Öl die Zwiebeln und den Knoblauch glasig dünsten. Nun alles, auch die zerkleinerten Gänsefußblätter, in die Brühe geben und 20 Minuten lang erhitzen. Abschmecken und servieren. Mit feingehacktem Sauerampfer dekorieren.
Dieses Gericht sollte nur im Juni genossen werden.

Potaje

(spanisches Rezept)

1 Glas weiße Bohnen, 1 Glas Kichererbsen, 500 g Kartoffeln, 1 Bund Suppengrün, 750 g Schweinefleisch (mager), 100 g durchwachsener Speck, 4 Knoblauchzehen, Salz, weißer Pfeffer

Das Schweinefleisch, den Speck und den gehackten Knoblauch in 1 l kochendes Wasser geben und

1½ Stunden kochen lassen. Herausnehmen, das Fleisch vom Fett trennen, würfeln. In der Zwischenzeit das gesäuberte Suppengrün und die geschälten und gewürfelten Kartoffeln, die Bohnen und die Kichererbsen in die Brühe geben. Das Fleisch dazugeben. Nach 20 Minuten mit Salz und Pfeffer abschmecken.
Alle Esser werden davon schwärmen!

Gazpacho

An besonders heißen Tagen serviert man für 4–6 Personen eiskalt diesen Leckerbissen aus Spanien.

2 grüne Pfefferschoten, 2 rote Pfefferschoten, 2 große Zwiebeln, 500 g reife Tomaten, 1 frische Gartengurke, 8 Knoblauchzehen, 2 Tassen Semmelmehl, ¾ l eiskaltes Wasser, ⅛ l feinstes Olivenöl, ½ Tasse spanischer Landrotwein, ½ Tasse Kräuteressig, 4 Eßlöffel Tomatenmark, 12 spanische Oliven ohne Kern, 1 Bund Petersilie, 2 hartgekochte Eier, Pfeffer und Salz zum Abschmecken

Die in heißem Wasser abgezogenen Tomaten und die geschälte Gurke ganz fein hacken, ebenso die Zwiebeln und die Pfefferschoten. Die Knoblauchzehen in der Presse ganz fein quetschen und das Semmelmehl mit den Gemüsen vermengen. Das Ganze etwa 2 bis 3 Stunden ziehen lassen. Dann kommt Ihnen ein herrlicher Duft entgegen. Nun gibt man Öl, Wein, Wasser und Essig dazu. Alles wird langsam püriert, so daß eine sämige Masse entsteht. Jetzt noch das Tomatenmark anrühren, dann abschmecken und eiskalt stellen.
In der Zwischenzeit hacken Sie die Petersilie, Eier und die Oliven ganz fein und bestreuen kurz vor dem Servieren die Gazpacho. Sie können aber auch als Kontrast in Butter geröstete Croutons dazu servieren.

Sopa de ajo

(für 2 Personen)

1 Knoblauchknolle, 2 Eßlöffel Olivenöl, 1 Fleischtomate, 1 Zweig Majoran, 1 Zweig Petersilie, 1 1/2 Scheiben getrocknetes Mischbrot, 1/2 l Wasser, 1/2 Teelöffel süßer Paprika, Salz, schwarzer Pfeffer aus der Mühle

Das Olivenöl in einer feuerfesten Keramikschale erhitzen und die gepellten, aber nur grob zerdrückten Knoblauchzehen hinzugeben. Nach 5 Minuten wird die gehäutete und gewürfelte Tomate hinzugetan.
Hin und wieder umrühren. Nach weiteren 5 Minuten folgen nun die gewürfelten Brotscheiben, die mit dem Paprika bestreut worden sind, und das Wasser. In den letzten 10 Minuten kommen noch der Majoran und die Petersilie (ganz belassen) hinzu. Die Suppe ist sehr rustikal!

*Ajo cocido
gusto perdido.
Knoblauch gekocht,
verliert den Geruch.*

(Spanisches Sprichwort)

Knoblauchsuppe

4 Knoblauchzehen, 4 Eßlöffel Olivenöl, 4 Tassen Gemüsebrühe, 4 Eier, Salz und Cayennepfeffer, 1/4 Bund Schnittlauch, 1 Eßlöffel Parmesan

Die 4 zerdrückten Knoblauchzehen in dem heißen Öl anbräunen und entfernen. Die Gemüsebrühe hinzugeben und mit Salz und Cayennepfeffer abschmecken. 4 Tassen mit je 1 Ei versehen, mit der Knoblauchsuppe auffüllen und mit dem gehackten Schnittlauch bestreuen. Mit dem geriebenen Parmesan verfeinern.

Aigo bouillado

(für 2 Personen)

5 Knoblauchzehen, 1 Teelöffel Gänse- oder Schweineschmalz, 1 Eßlöffel Essig, 1 Teller Wasser, 10 g Fadennudeln, 1 Ei, Salz und Pfeffer aus der Mühle

In einem Kochtopf läßt man das Schmalz erhitzen, gibt die gepellten, zerdrückten Knoblauchzehen hinzu und läßt sie goldbraun braten. Wenn der Knoblauch an einem Holzlöffel haften bleibt, den Essig, das Wasser sowie Salz und Pfeffer hinzugeben. Zum Kochen bringen und die Nudeln untermengen. In der Zwischenzeit wird das Eiweiß zart geschlagen, so daß es sich gerade verflüssigt. Man hängt ein kleines Sieb über die schwach kochende Knoblauchsuppe. Das Eiweiß tropft in haarfeinen Fäden in die bouillado. Dann erst wird sie mit dem Eigelb gebunden.
Baguette dazu essen.

Minestrone

(für 6 Personen)

3/4 l Brühe, 100 g weiße Bohnen (über Nacht einweichen), 1 große feingewürfelte Zwiebel, 2 Knoblauchzehen, 50 g magerer Speck, 3 Eßlöffel Olivenöl, 1 große gewürfelte Karotte, 250 g Tomaten, 2 Eßlöffel Sellerie, 250 g Weißkohl, 50 g Makkaroni, Salz, Pfeffer, 1 Eßlöffel Petersilie, Parmesankäse

Die Zwiebelwürfel, die zerdrückten Knoblauchzehen und den Speck im heißen Olivenöl andünsten. Dann die Bohnen, Salz und Pfeffer nach Gutdünken (so sagte immer meine Mutter) und die Brühe zugeben. 1 1/2 Stunden auf kleiner Stufe köcheln lassen. Nun das restliche Gemüse hinzutun, außer dem Weißkohl, und weitere 20 Minuten köcheln lassen. Eventuell, falls zu dickflüssig, noch Brühe nach Bedarf zufügen. Dann die Makkaroni und den Kohl in die Suppe geben und weich kochen. Nochmals abschmecken. Die Suppe wird mit der Petersilie garniert und mit Parmesankäse, der individuell genommen wird, gereicht. Kenner schmecken die Minestrone auch mit einem Schuß Rotwein ab.

Pommersche Bohnensuppe

Der Autor, selbst Pommer, hätte vor Beendigung seines Kochbuches fast einen großen Fehler begangen und das Lieblingsgericht seiner Kindheit vergessen. Dr. Knoblauch machte ihn auf seine Heimat aufmerksam.

750 g weiße Bohnen, 250 g Gänseklein, 250 g Hammelfleisch aus der Keule, 2 gepreßte Knoblauchzehen, 2 gewürfelte Zwiebeln,1 Bund Petersilie, Majoran, Bohnenkraut, Kümmel, Salz und Pfeffer nach Geschmack, 1 1/2 Eßlöffel Rotweinessig

Die Bohnen werden über Nacht in einer Keramikschüssel, mit Wasser bedeckt, eingeweicht. Mit dem Wasser zum Kochen bringen, das Gänse- und Hammelfleisch, die Zwiebeln und den Knoblauch

hinzugeben und $1^1/_2$ Stunden köcheln lassen. Das Fleisch herausnehmen und würfeln. Die Bohnen mit weiterem Inhalt eine weitere Stunde köcheln lassen. Dann die Hälfte der Bohnen durch ein Sieb passieren und mit dem Fleisch wieder in die Suppe geben. Aufkochen, würzen und mit der Petersilie bestreuen. Danach noch mit dem Essig abschmecken.
4 Pommern sangen danach das Lied „Pommernland ist abgebrannt ...“ Zugegeben: sie hatten reichlich Schnaps getrunken. Das war dort so Usus.

Kartoffelsuppe

750 g geschälte Kartoffeln, 1 gewürfelte Zwiebel, 2 Bund gewürfeltes Suppengrün, 2 zerdrückte Knoblauchzehen, $1^1/_2$ l Wasser, 250 g gewürfelter magerer Frühstücksspeck, 6 Wiener Würstchen, Thymian, Salz und Pfeffer, 2 Eßlöffel gehackte Petersilie, 1 Eßlöffel gehackter Liebstöckel

In dem kochenden Wasser den Speck 30 Minuten kochen lassen. Die Kartoffeln, die Zwiebel, das Suppengrün, den Knoblauch hinzutun und noch 40 Minuten köcheln lassen. Durch ein Sieb passieren. Die in Scheiben geschnittenen Würstchen hinzugeben und mit dem Thymian, Salz und Pfeffer abschmecken. Die Teller sollten mit der Petersilie und dem Liebstöckel bestreut sein.

Rote-Bete-Suppe

1 Glas rote Bete (ca. 1 kg Einwaage), 200 g Crème fraîche, $^1/_4$ l süße Sahne, 1 Teelöffel Tabasco, 2 Knoblauchzehen, 2 feinstgewürfelte Schalotten, 1 großes Bund Dill (gehackt), Salz und weißer Pfeffer aus der Mühle

Die rote Bete in einem Sieb abgießen, den Saft aber in einer Schale auffangen. Die rote Bete pürieren, den Saft dazugeben, ebenso Crème fraîche und Schlagsahne, Tabasco, Pfeffer und Salz. Alles gut miteinander vermischen. Den gepellten Knoblauch nun direkt frisch aus der Presse in die Suppe geben und diese gut 1 Stunde zugedeckt in den Kühlschrank stellen. Vor dem Servieren noch mit den Schalotten und dem Dill bestreuen.

Hühnerklein

(für 6 Personen)

600 g Hühnerklein, 500 g Zwiebeln, 6 Knoblauchzehen, 1 Bund Suppengrün, 3 Eßlöffel Butter, 1 3/4 l Wasser, 2 Eßlöffel Weißweinessig, Salz, gemahlener weißer Pfeffer, 1/4 Eßlöffel süße Sahne, 6 Salbeiblätter, 10 Basilikumblätter, 2 Zweige Thymian, 4 Toastscheiben und 1 Eßlöffel Butter

Das Hühnerklein in kleinen Portionen zusammen mit dem gewaschenen und gewürfelten Suppengrün in einem Topf in der heißen Butter bei mittlerer Hitze anbraten. Dann das Wasser zugießen und 1 1/2 Stunden köcheln lassen. Die Brühe durch ein Sieb geben und auffangen. Den gepreßten Knoblauch und die geschälten, in Scheiben geschnittenen Zwiebeln in einem Topf mit der Sahne sowie unter Zugabe von Salz bei milder Hitze 30 Minuten weich kochen. Noch heiß mit dem Mixer pürieren.
1/2 l von der Brühe zugeben und kurz aufkochen lassen. Mit Essig, Salz und Pfeffer abschmecken.
Für die Kräutercroutons die Toastscheiben entrinden und in Würfel schneiden. Die Kräuter werden ohne Stiele fein gehackt. Butter wird in einer Pfanne erhitzt, und die Weißbrotwürfel werden darin goldbraun gebraten. Kurz vor Beendigung des Brat- oder Röstvorganges die Kräuter hinzugeben und die Würfel darin schwenken. Der Trick ist allerdings der – und die erwartungsfrohen Esser danken es Ihnen –, daß die Croutons erst in die bereits servierten Teller gegeben werden.

Pilzsuppe

300 g Mischpilze, 2 Scheiben Weißbrot, 50 g Butter, 1 Schalotte, 1 Knoblauchzehe, 150 g fetter Schinken,

1 l Wasser, 1/8 l herber Weißwein, 1/2 Bund Petersilie, Salz und Pfeffer aus der Mühle

Die geputzten Pilze in dickere Scheiben schneiden. Die gewürfelten Weißbrotscheiben in einem mit der Butter erhitzten Topf goldbraun braten. Nun alle Zutaten (ohne die Petersilie) hinzugeben und 30 Minuten kochen lassen. Die Suppe im Mixer pürieren und mit Salz und Pfeffer abschmecken. Erst kurz vor dem Servieren wird die Suppe mit der gehackten Petersilie reichlich bestreut. Man kann auch saure Sahne darunterrühren.

Fischsuppe Juan

400 g Meeraal, 400 g St. Petersfisch, 16 Gambas, 100 g Tintenfisch, 200 g Seeteufel, 24 Miesmuscheln, 2 Päckchen Safran, 200 g Langkornreis, 2 1/2 l Wasser, 8 Knoblauchzehen, 2 Eßlöffel Olivenöl, 1 Bund Johannislauch, 1 Fleischtomate, Salz

In einem großen Topf 1 1/2 Eßlöffel Öl erhitzen und das geputzte, in 1-cm-Stücke geteilte Johannislauch mit der geschälten und gewürfelten Tomate anschmoren, aber nicht bräunen. Es soll ein Sud werden aus hinzukommenden Meeraalstücken und St. Petersfisch, der von selbst zerfällt. Etwa 10 Minuten kochen und 1 Tag erkalten und ruhen lassen. Den Fischsud mit Salz, Reis, Safran, Gambas, Miesmuscheln, den in Ringe geschnittenen

Tintenfischen, das in grobe Würfel zerteilte Seeteufelfleisch und dem im Mörser mit wenig Salz und tröpfchenweise zugegebenem restlichen Olivenöl gestoßenen Knoblauch 15 Minuten köcheln lassen. Mit frischen, hellgrünen Paprikaschoten, in Streifen geschnitten (natürlich vorher gewaschen und entkernt), schmeckt der Reis der Fischsuppe besonders delikat.
Je mehr Ingredienzen, um so mehr Sud – um so besser die Fischsuppe. Die Reste lassen sich wunderbar verwenden, so z.B., um die Paella aufzugießen.
Auch die Fischsuppe Juan begleitet ein Schälchen mit Wasser und Zitronenstückchen zum Reinigen der Hände.

Ganz nebenbei bemerkt …

Dr. Knoblauch ist ein brillianter Kenner der zeitgenössischen deutschen Literatur. So hat er unter anderem das Gesamtwerk Elisabeth Langgässers dahingehend untersucht, in ihren Romanen, Erzählungen und Gedichten, die zum Teil berauschend schöne Naturbeschreibungen beinhalten, den Knoblauch zu finden. Nicht eine Zeile, kein Vers wurde ihm gewidmet.
So schmuggelte Dr. Knoblauch in den Text der Büchnerpreisträgerin Elisabeth Langgässer seinen so geliebten Knoblauch hinein. Das folgende Zitat ist dadurch wesentlich angereichert, und das Werk wertvoller geworden.
„Der Boden ist fett und schwer, mit Kohlarten, Dickwurz, Spinat, Gurken und Feuerbohnen bepflanzt. Auch die Gärten glühen hier tiefer und sind reich an Bauernblumen. Die Malve steht an der Hauswand oder leuchtet über die Zäune. Reseda, Knoblauch und Goldlack duften verschwiegen unter den Büschen, wie Rubine glühen die dicken, kleinen Ranunkeln, und Levkojen säumen farbenprächtig die Wegränder ein."
Vom Walter Verlag in Olten und Freiburg i. Br., bei dem das Buch „Grenze: Besetztes Gebiet" erschien, liegt ein Dankesbrief vor?!?

Notizen:

Saucen und Tunken

Salsa

Es ist die einfachste und zugleich überraschendste Sauce. Sie wird über Kurzgebratenes oder gebratene Fische gegeben.
Im Mörser wird nach Lust und Laune gehackter Knoblauch mit wenig Salz und etwas Olivenöl in einer langen Prozedur zerstoßen. Die feinstgehackte Petersilie dazugeben. Weiter durcharbeiten. Je länger – je lieber.
Die Salsa verträgt, ja, sie verlangt auch nach anderen Kräutern. Siehe dazu das folgende Rezept.

Salsa verde

2 Bund Petersilie, 1 Bund Schnittlauch, 3 Stengel Zitronenmelisse, 3 Stengel Basilikum, 1 Stengel Estragon, 1 Stengel Liebstöckel, 2 Knoblauchzehen, 2 Schalotten, 2 Eßlöffel Weinessig, 1 Eßlöffel Zitronensaft, 1 Eßlöffel Kapern, 1 Teelöffel Salz, 1/2 Teelöffel weißer Pfeffer, 1/8 l Olivenöl

Die Kräuter von den Stengeln befreien, waschen und trocken tupfen. Fein hacken. Die gepellten Knoblauchzehen und die geschälten Schalotten sehr fein hacken. Die kleingeschnittenen Kapern, den Essig, Zitronensaft sowie Salz und Pfeffer, Schalotten und Knoblauch zusammen verrühren. Mit einem Schneebesen nach und nach das Öl hinzugeben und die Sauce gut 15 Minuten ziehen lassen.
Auf gedünstetem Fisch schmeckt die Salsa verde besonders delikat zu Reis.

Griechische Salatsauce

7 Eßlöffel Olivenöl, 2 Eßlöffel Rotweinessig, 1/4 Teelöffel schwarzer Pfeffer aus der Mühle, 1/2 Teelöffel Salz, 1 geriebene Knoblauchzehe

Alle Zutaten werden in ein Glasgefäß gegeben und mit einem Schneebesen sämig geschlagen. Der Knoblauch in der Sauce entfaltet sich köstlich, wenn diese vor dem Gebrauch bei Zimmertemperatur eine Stunde durchzieht. Sie wird zu Salaten, aber auch zu Gemüse gegeben.

Der griechische Geschichtsschreiber Herodot (490–420 v. Chr.) überliefert uns, daß die Sklaven beim Bau der Cheopspyramide in Ägypten für umgerechnet 4 Millionen DM Knoblauch, Zwiebeln und Rettich aßen.

Knoblauchmayonnaise

Man mischt den Inhalt eines Glases Mayonnaise mit 5 kleingehackten Knoblauchzehen, 1/2 Bund feingewiegter Petersilie und einem guten Schuß südländischen Kognaks.

Mayonnaise à la Lorenz

Man mischt den Inhalt eines Glases Mayonnaise mit 5 kleingehackten Knoblauchzehen, 1/2 Bund feingewiegter Petersilie, 2 Eßlöffeln Tomatenmark (je nach Geschmack) und einem guten Schuß südländischen Kognaks.

Grüne Knoblauchmayonnaise

Man mischt den Inhalt eines Glases Mayonnaise mit den berühmten 7 feinstgehackten, gewiegten Kräutern aus dem Hause Goethes: Borretsch, Kerbel, Kresse, Sauerampfer, Schnittlauch, Pimpinelle, Petersilie oder – erweitert – mit Dill, Estragon, Zitronenmelisse, Liebstöckel, mit einer feingehackten Knoblauchzehe und kalter, echter Rinderbrühe, bis die Sauce das Mittelmaß an Dick- und Dünnflüssigkeit hat.

Zu diesen Mayonnaisen können folgende Zutaten zum Schlürfen angeboten werden:
Crevetten (das sind Gambas), gekocht oder scharf mit Schale gebraten. (Erst kurz vor Beendigung des Bratvorganges in der Pfanne im leichten heißen Ölfilm mit ein wenig Salz bestreuen!)
Artischockenherzen oder -böden sowie kalter Spargel.
Sie sind aber auch als Fonduesaucen für alle Fleischsorten, insbesondere Wild, geeignet.

Tomaten-Paprika-Sauce

300 g Fleischtomaten, 250 g grüne Paprika, 100 g große Zwiebeln, 1 Knoblauchzehe, je 1/2 Teelöffel Basilikum, Thymian und Paprikapulver, 1 Schnapsglas Gin, 1/2 l Gemüsesaft, 1 Eßlöffel Olivenöl, Salz, Pfeffer und Zucker

Die mit kochendem Wasser überbrühten und gehäuteten Tomaten werden in Würfel geschnitten.

Die Paprikaschoten waschen, entkernen und würfeln. Die geschälten Zwiebeln in feine Ringe schneiden, zusammen mit der Knoblauchzehe, gepellt und fein gehackt, in heißem Öl glasig werden lassen. Die Tomaten- und Paprikawürfel (1 Löffel Paprika zurückbehalten) mit andünsten. Nun alle Gewürze und den Gemüsesaft hinzugeben und die Sauce bei schwacher Temperatur 30 bis 40 Minuten kochen lassen, bis sie dick und sämig ist. Jetzt erst die restlichen Paprikawürfel hinzufügen. Mit dem Gin abschmecken. Dazu Koteletts, Nudel- oder Reisgerichte reichen.

Aliádha (Knoblauchsauce)

1 Ei, 1/4 Teelöffel Salz, 3 gehackte Knoblauchzehen, 2 Eßlöffel Olivenöl, 1 Eßlöffel Zitronensaft

Ei, Salz und Knoblauch in einem Mixer bei unterster Schaltstufe schaumig rühren. Tropfenweise das Öl hinzugeben, dann den Zitronensaft. Bei geringer Schaltstufe die Aliádha fertigen, bis sie dick ist. Man kann die Sauce zu jeder Art von Fischen servieren.

Olivers Aïoli

Als Oliver 10 Jahre alt war – er ist der Hausfreund von Dr. Knoblauch –, schrieb er ihm genau so sein Lieblingsrezept auf.

„Also für 6 Personen:
6 mittelgroße Kartoffeln (so etwa 1 kg) weich gekocht und mit einem Quirl zu einem feinen Brei verrührt, 3 gestrichene Eßlöffel Mayonnaise, 5 Eigelbe, 1 Schuß Öl, Salz je nach Geschmack hinzufügen

Je nachdem wie dick die Aïoli sein soll, so auch etwas Wasser hinzufügen. Alles immer schön umrühren. Um die Knoblauchsauce schön abzurunden, kann man noch ein paar Zitronenspritzer dazu geben.“

Auf die Frage seines Mentors, Dr. Knoblauch, warum es denn eine Aïoli ohne Knoblauch sei, sagte Oliver: „Es ist ja schließlich mein erstes geschriebenes Rezept."
„So so", sagte Dr. Knoblauch.
Oliver: „Also noch: 8 Knoblauchzehen, groß und frisch müssen sie sein, in einem Mortero (d.i. ein Mörser) feinstens zerstoßen und mit der Sauce verrühren.
Ja, und dann mit dem Finger wie einen Kuchenteig heimlich probieren!"

Sesamsauce

1 Tasse gemahlener Sesamsamen, 5 Knoblauchzehen, 1 Messerspitze Salz, 3/4 Tasse Wasser, 1/2 Tasse Zitronensaft

Der Knoblauch wird mit dem Salz in einer tiefen Keramikschale mit Hilfe des Mörserstößels zu einer Paste gestoßen. Nun alle übrigen Zutaten dazugeben und zu einer Sauce schlagen, die die Dickflüssigkeit einer Mayonnaise hat. Ist die Sauce zu dick geraten, langsam tropfenweise Wasser darunterrühren.
Die Sesam-Knoblauchsauce schmeckt sehr gut zu gebratenem Fisch. Sie sollten sie vielleicht auch einmal als Fonduesauce versuchen.

Knoblauchessig

Auf 1 Tasse Essigessenz rechnet man 4 Tassen Wasser. Beides aufkochen und über die 6 gehackten Knoblauchzehen und 1 Messerspitze Salz gießen. 48 Stunden in einer verschließbaren Flasche durchziehen lassen.
Der Knoblauchessig ist bestens geeignet für Salate, Serbische Bohnensuppe, Artischocken und Barbecues.

Ravigote-Essig

70 g Lorbeerblätter, 60 g Angelikawurzeln, 200 Estragonblätter, 90 g Kapern, 90 g Sardellen, 60 g Schalotten, 1 Knoblauchknolle, 1 l Weinessig

Die geschälten und kleingeschnittenen Schalotten werden mit den gepellten und feingehackten Knoblauchzehen und den anderen Zutaten unter Hinzugabe von Essig in ein Glas mit großer Öffnung gegeben und verschlossen an einen warmen Ort gestellt. Nach ein paar Tagen wird der Essig abgeseiht und in einer Flasche gut verkorkt aufbewahrt. Dieser Essig, sparsam verwandt, verleiht Saucen und Ragouts einen besonders delikaten Geschmack.

Knoblauchbutter

100 g gesalzene Butter schaumig rühren; 5 gepreßte Knoblauchzehen und 2 Teelöffel gehackte glatte Petersilie unterarbeiten. Die Mischung kann verfeinert werden mit Dill, Schnittlauch, Basilikum, Sardellen usw. oder mit mehr oder weniger Knoblauch, gehackt, grob oder fein, im Mörser gestoßen.

Grüne Knoblauchbutter

In 100 g gesalzene Butter 1 Teelöffel feinstgehacktes Knoblauchgrün gut vermengen und durchziehen lassen. Dann zu Brot servieren.

Notizen:

Hauptgerichte

Pesto alla genovese

500 g Spaghetti werden ganz konventionell al dente zubereitet und die Pesto nach folgendem Rezept daruntergemischt.

75 g Pinienkerne, 6 Knoblauchzehen, Salz, Olivenöl nach Bedarf, 100 g Parmesan- oder Schafskäse, 2 Bund Basilikumblätter, 1 Bund Petersilie, glatt, ohne Stengel

Im Mörser die Pinienkerne und den geschälten, zerhackten Knoblauch mit wenig Salz zerstoßen. Olivenöl tröpfchenweise hinzugeben. Nun folgt langsam, sehr langsam, das gehackte Basilikum und die gehackte Petersilie nach. Mit viel Zeitaufwand und Liebe den Mörser bedienen. Hin und wieder Olivenöl hinzugeben. Den Parmesan dazugeben. Langsam. Sehr langsam. Man sollte sich während dieser Zeit einen guten Gesprächspartner suchen.
Trinken Sie zu diesem Gericht einen herben Weißwein!

Der Knoblauch ist des Bauers Apotheke.
(Italienisches Sprichwort)

„Studentenfutter"

500 g Spaghetti, 6 Eßlöffel Olivenöl, 4 Knoblauchzehen, 12 gewässerte Sardellenfilets, 1 Bund Petersilie, Salz und Pfeffer aus der Mühle

In 5 l kochendem Wasser mit 50 g Salz werden die Spaghetti in 10 Minuten al dente im offenen Topf und bei schwachem Feuer gekocht. Zum Abtropfen kommen sie dann auf ein Sieb, werden danach in eine vorgewärmte Schale gegeben und herzhaft mit Pfeffer gewürzt. In der Zwischenzeit das Öl in einer Pfanne erhitzen, die grobgehackten Knoblauchzehen goldbraun anbraten und herausnehmen. Die kleingeschnittenen Sardellenfilets in das heiße Öl geben und anrösten. Über die Spaghetti geben, mit gehackter Petersilie bestreuen und alles vermischen.
Professoren heben noch ein paar gehobelte Trüffelscheiben darunter!

Tomatenkuchen

Für den Teig:
250 g Mehl, 2 Eigelb, 3 Eßlöffel saure Sahne, 100 g Butter, 1/2 Teelöffel Salz

Für den Belag:
500 g Fleischtomaten, 500 g Lauchzwiebeln in Ringen, 500 g Quark (20% Fettgehalt), 3 Eier, 200 g Frischkäse, 2 Bund Basilikum, 3 gepreßte Knoblauchzehen, 2 Eßlöffel geriebene Semmel, 1 Eßlöffel Olivenöl, Salz und weißer Pfeffer aus der Mühle, 30 g frisch geriebener Parmesankäse

Aus den angegebenen Zutaten einen Teig kneten und 30 Minuten kühl stellen. Eine Springform (26 cm Durchmesser) einfetten und mit dem Teig dünn auslegen. Dann mit Quark, Frischkäse, Eiern, Salz, Pfeffer, geriebener Semmel, Knoblauch, Lauchzwiebeln und den gehackten Basilikumblättern (die Stiele entfernen) eine Masse gut verrühren. Diese auf dem Teig verteilen, mit Tomatenscheiben belegen und mit Olivenöl beträufeln. Bei

200 °C 1 Stunde backen, den Käse über den Tomatenkuchen streuen und weitere 45 Minuten überbacken.

Zucchiniauflauf

500 g Zucchini, 500 g Fleischtomaten, 150-g-Becher Sahnejoghurt, 2 Eier, 3 Eßlöffel geriebener Käse nach Wahl, 30 g Butter, 4 Eßlöffel Olivenöl, 2 Knoblauchzehen, Pfeffer und Salz

Die Zucchini waschen, die Stiele entfernen und der Länge nach in Scheiben schneiden. In heißem Olivenöl von beiden Seiten je 2 Minuten braten. Die überbrühten Tomaten enthäuten und in Scheiben schneiden.
Das Gemüse abwechselnd in eine feuerfeste Form schichten. Zwischenzeitlich würzen und mit den gehackten Knoblauchzehen bestreuen. Eier, Käse und Joghurt verquirlen und darübergießen. Mit Butterflöckchen versehen und 15-20 Minuten grillen.
Dazu gibt es Baguette und Wein!

Kartoffelpuffer nach Oma Knufel

500 g rohe Kartoffeln, 1 Eßlöffel Mehl, 1 Ei, 1 Schalotte, 4 Knoblauchzehen, 4 Eßlöffel Öl und magerer Speck zum Braten, Salz

Die geschälten Kartoffeln reiben. Dann das Ei, die feingewürfelte Schalotte, Mehl, Salz und die geriebenen Knoblauchzehen darunterrühren. Einen Teil des Öls und des gewürfelten Specks in einer Pfanne erhitzen. Mit einer Schöpfkelle etwas Teig hineingeben und leicht flachdrücken. Von beiden Seiten (Immer darauf achten, daß genügend heißes Fett in der Pfanne ist!) goldbraun braten. Aus dem Teig sollten 12 Kartoffelpuffer gezaubert werden. Dazu frischen Mischsalat servieren.

Tortilla

400 g Kartoffeln, Olivenöl, 50 g magerer Räucherspeck, 1 Zwiebel, 6 Knoblauchzehen, 12 Eier, Salz und Pfeffer, 1/2 Bund Petersilie

In einer mit Öl erhitzten Pfanne werden die geschälten und gewürfelten Kartoffeln bei kleiner Flamme langsam gegart. Sie dürfen nicht bräunen. Nach 10 Minuten die Speckwürfel, die geschälte und feingewürfelte Zwiebel und den gehackten Knoblauch hinzugeben. Alles weiter garen lassen. Haben die Kartoffeln den richtigen Biß, die geschlagenen Eier, gesalzen und gepfeffert, darübergeben und mit gehackter Petersilie bestreuen. Langsam stocken lassen und von beiden Seiten braun anbraten.
Heiß servieren!

Wilder Reis

200 g wilder Reis, 700 ccm Wasser, 3 Scheiben gewürfelter magerer Speck, 100 g gehackte Zwiebeln, 1 Knoblauchzehe, 1 Stange Staudensellerie, 1 Eßlöffel Butter, 75 g Pinienkerne, Salz

In einem Topf den Speck auslassen. Wenn er schön kroß ist, die Zwiebeln, die ganze, aber geschälte Knoblauchzehe und den feingewürfelten Sellerie hinzufügen. Alles 3-5 Minuten weich dünsten, dann den Reis und das Wasser dazugeben. Wenig salzen. 45 Minuten bei geschlossenem Topf den Reis mit den Zutaten quellen lassen. Vom Herd nehmen, Deckel öffnen für das Ausdämpfen und zum Erkühlen. Die Knoblauchzehe entfernen. Die Butter erhitzen und die Pinienkerne leicht darin bräunen. In den Reis geben und nochmals erwärmen.

Uvd Dal (Schwarze Linsen)

(für 6 Personen)

200 g schwarze Linsen, 4 Knoblauchzehen, 25 g frischer Ingwer, 100 g Butter, 1/4 Teelöffel Chilipulver, 1/4 l Schlagsahne, Salz

Die Linsen, gut mit Wasser bedeckt, über Nacht einweichen. Die Knoblauchzehen fein hacken. Die geschälte Ingwerwurzel reiben. 1 Teelöffel Butter in einem Topf erhitzen, die Hälfte vom Ingwer und den Knoblauch kurz andünsten. Die Linsen mit dem Einweichwasser und 1/4 l Wasser hinzugeben und 1 1/4 Stunde köcheln lassen. Danach pürieren und die Sahne darunterrühren. Die restliche Butter erhitzen, mit dem verbliebenen Ingwer und dem Chilipulver verrühren und unter die Linsen ziehen. Mit Salz abschmecken.
Dieses Gericht schmeckt zu allen exotischen Speisen, so z. B. zu überbackener Banane.

Curryleber

500 g Kalbsleber, 1 1/2 Teelöffel Curry, 1/2 Teelöffel Chilipulver, 2 Eßlöffel Olivenöl, 2 gewürfelte Zwiebeln, 2 gepreßte Knoblauchzehen, 2 Lorbeerblätter, 1/8 l Milch, 300 g Tiefkühlerbsen, 125 g grobgehackte Cashewnüsse, 1 Teelöffel Zitronensaft, Salz nach Geschmack

Die abgespülte Leber trocknen und in ca. 2 cm große Stücke würfeln. Dann in einer Mixtur aus Curry, Salz und Chilipulver mehrmals wenden und 30 Minuten ruhen lassen. Im Öl die Zwiebeln, den Knoblauch und die Lorbeerblätter vorsichtig anbraten, die Leberstückchen hinzugeben und nach mehrmaligem Wenden 3 Minuten mitbraten, dann aus der Kasserolle heben und zur Seite stellen. Die unaufgetauten Erbsen, die Milch und die Nüsse hinzufügen und noch 15 Minuten schmoren lassen. Mit Salz und Zitronensaft abschmecken. Nun die Leber wieder hinzugeben und noch ein wenig erwärmen.
Mit Reis oder frischem Weißbrot reichen.

Stifado

So nennt man in Griechenland
das Kaninchen- oder Hasengulasch.

1 frisches Kaninchen (am besten aus Frankreichs Landen) oder 1 kg Hasenläufchen, 1 kg Schalotten,

6 Eßlöffel Olivenöl, 6 Eßlöffel Rotweinessig, 1/4 Teelöffel Kümmel, 1/2 Teelöffel Oregano, 2 Messerspitzen Zimt, 1 Messerspitze Muskat, 1/2 Teelöffel Piment, kleingeschnittene Schale von 1 großen, ungespritzten Apfelsine, 2 Lorbeerblätter, 3 Nelken, 1 große gewürfelte Tomate, 4 gepreßte Knoblauchzehen, Salz und Pfeffer

Zunächst wird das Olivenöl mit einer ganzen Schalotte erhitzt. Die gebräunte Schalotte dann entfernen. Nun wird das in Stücke von 5-10 cm zerlegte Kaninchen von allen Seiten angebraten. Anschließend kommen die geschälten Schalotten, die an der Wurzel kreuzweise eingeschnitten sind, hinzu. Die Schalotten dürfen aber nur hellbraun werden. Es folgen alle angegebenen Gewürze; dann wird mit etwas Wasser angereichert. Dieses Stifado sollte mindestens eine Stunde schmoren.
Ja, es schmeckt schon beim ersten Bissen auf den Lippen, der Zunge, dem Gaumen und beim Durch-die-Nase-Ausatmen am besten.
Tip: Nur einmal in jedem Jahr essen!

Schweinebraten

(für 8–10 Personen)

2,5 kg Schweinehals, 4 Knoblauchzehen, 1 Teelöffel Rosmarin, 1 Teelöffel Thymian, 1 Teelöffel Paprika, 1 Teelöffel Pfeffer, Salz, 2 Eßlöffel Olivenöl

Der Schweinehals wird rundherum mit der aus gepreßtem Knoblauch, Paprika, Pfeffer, Salz, Rosmarin und Thymian angefertigten Würze eingerieben.
Im vorgeheizten Backofen bei 250 °C in einer mit Olivenöl ausgestrichenen Bratreine das Fleisch 45 Minuten scharf anbraten. Nun gart der Braten 1 Stunde bei 180 °C weiter.
Bei ausgeschaltetem Backofen läßt man den Braten 20 Minuten ruhen; so verteilt sich der Saft besser. Dann anschneiden.
Dazu empfiehlt sich ein Ratatouille (siehe Rezept Seite 81) und Brot. Den Fond mit saurer Sahne anrühren oder naturbelassen zum Dippen anbieten.

Schweinesteaks mit Gorgonzolasauce

8 Schweinesteaks à ca. 100 g, 500 g Tomaten, 2 Zwiebeln, 3 Knoblauchzehen, 40 g Butter, 100 g Gorgonzolakäse, 1 Becher süße Sahne, 8 Salbeiblätter, 4 Eßlöffel Olivenöl, Salz und frisch gemahlener Pfeffer

Die überbrühten Tomaten abziehen, halbieren und entkernen, dann im Mixer pürieren. Die feingewürfelten Zwiebeln und den zerdrückten Knoblauch in der heißen Butter andünsten. Nun die Tomatenmasse, Schlagsahne und den grob zerbröckelten Käse unterrühren. Aufkochen lassen, die Sauce mit Pfeffer und Salz abschmecken und warm stellen. Die Salbeiblätter in dem heißen Öl braten und herausnehmen. Hier nun die gepfefferten Steaks von jeder Seite 3 bis 4 Minuten braten und salzen. Mit der Sauce anrichten und mit den Salbeiblättern schmücken.
Dazu ein aufgewärmtes Baguette oder Spaghetti servieren.

Filetsteaks mit Knoblauchkäse

4 gut abgehangene Rinderfilets (etwa 3 cm dick), 150 g geriebener Emmentaler Käse, 3 gepreßte Knoblauchzehen, 2 Eßlöffel Butter, Salz und Pfeffer aus der Mühle

Den Käse mit dem Knoblauch mischen. Die mild gepfefferten Steaks von einer Seite drei Minuten in der Butter anbraten, dann wenden und ein wenig salzen. Nun werden sie mit der Knoblauch-Käse-Mischung bestreut. Wenn der Käse geschmolzen ist, sind die Steaks für Mediumfans gar.
Dazu reiche man knackigen Salat. Nicht vergessen, vorher die Schüssel mit Knoblauch einzureiben!

Hackfleisch mit Pilzsauce

500 g Hackfleisch – halb und halb, 2 Zwiebeln, 2 gepreßte Knoblauchzehen, 250 g Mischpilze, 1/8 l herber Rotwein, 1/8 l Schlagsahne, 2 Eßlöffel Olivenöl, Salz und weißer Pfeffer aus der Mühle

In heißem Öl das Hackfleisch unter ständigem Rühren mit einem Holzlöffel oder einer Gabel zerkrümeln und die feingewürfelten Zwiebeln sowie den Knoblauch mitdünsten.
Sind die Zwiebeln glasig und das Hackfleisch grau, mit Salz und Pfeffer würzen und abschmecken.
Pilze, in kleinere Stücke geschnitten, hinzugeben, ebenso den Rotwein. Alles 15 Minuten köcheln lassen. Nun die Sahne unterrühren.
Dazu Kartoffelbrei servieren.

Kalbsschnitzel, überbacken

4 dünne Kalbsschnitzel à ca. 200 g, 500 g Fleischtomaten, 1 große Zwiebel, 2 Knoblauchzehen, 4 Blättchen Basilikum, 3 Blättchen Salbei, 1/8 l Rotwein, Salz und Pfeffer, 4 Eßlöffel Olivenöl, 200 g Mozzarellakäse

In heißem Olivenöl werden die Kalbsschnitzel von jeder Seite 2 Minuten angebraten. Mit Pfeffer und Salz nach eigenem Geschmack würzen und aus der Pfanne nehmen. Nun die überbrühten und gehäuteten Tomaten sowie den gepreßten Knoblauch mit den feingewiegten Kräutern im Bratfett andünsten. Den Rotwein dazugeben und bei schwacher Hitze 20 Minuten zugedeckt garen lassen.
Die Schnitzel in eine feuerfeste Form geben, darüber die Sauce gießen und mit dem Käse belegen.
Bei 200 °C im vorgeheizten Backofen 20 bis 30 Minuten überbacken.
Dazu trockenen Reis reichen.

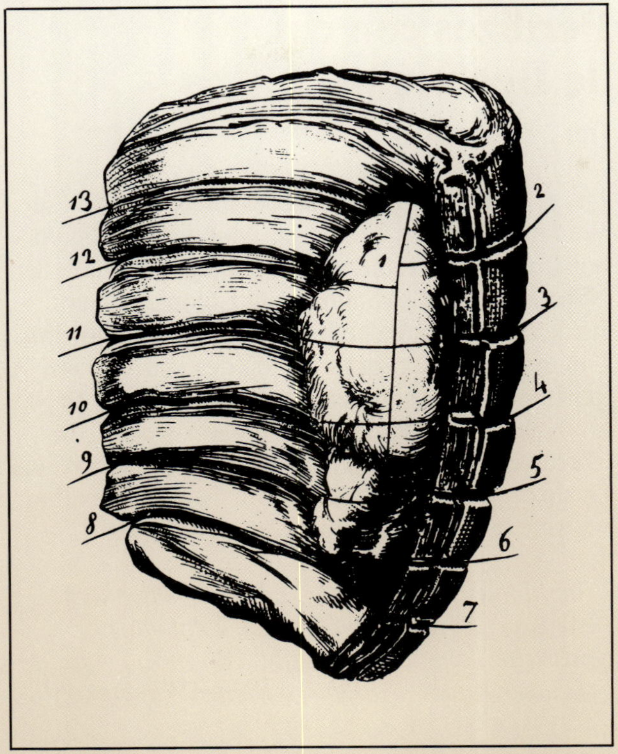

Kalbsrücken mit frischem Rosmarin

Zu diesem Gericht braucht man einen guten Freund. Am besten den mit dem größten Backofen, wenn wir bei dem Rezept von zwanzig Personen ausgehen. Das muß ja nicht sein. Also eventuell ganz einfach halbieren! Auch die Freundschaft? Nein, mit dieser Delikatesse gewinnt der Koch in jedem Fall.

Was wird benötigt? Für 20 Personen:
1 ganzer Kalbsrücken (Sattelstück), so etwa 6–8 kg schwer, 10 geschälte, in Streifen geschnittene Knoblauchzehen, 1 handgroßer Zweig frischer Rosmarin, 100 g Butter, frisch gemahlener Pfeffer und Salz, 1 Flasche herber Weißwein

Den Kalbsrücken vom Metzger gut vorbereiten lassen, d. h., die Seiten abhacken, aber etwas Fett daranlassen. Die Nieren natürlich auch. Die

Wirbelknochen nach innen glatt hacken, so daß der Rücken beim Braten die richtige Lage hat. Der Metzger sorgt dafür, daß die Bauchlappen an den richtigen Stellen mit einem Baumwollfaden gebunden werden. Einen Spieß durch den Rücken stecken, um das Gleichgewicht des Bratens zu halten. Nun den Kalbsrücken rundherum mit den gestiftelten Knoblauchzehen und den nach Möglichkeit frischen Rosmarinspitzen spicken. Das tut man am besten, indem man mit einem spitzen Messer kleine Taschen in das Fleisch schneidet. Den Kalbsrücken ordentlich mit schwarzem Pfeffer bestreuen und mit zerlassener Butter bepinseln. Der Backofen ist in der Zwischenzeit auf 250 °C vorgeheizt. Nun braten wir den Kalbsrücken 15 Minuten an. Die Hitze dann auf 200 °C reduzieren und den Braten 3–4 Stunden langsam braten. Zwischendurch den Kalbsrücken mit dem trockenen Wein begießen. Vor dem Tranchieren den Braten ca. 10 Minuten ruhen lassen. Den Bratensud jedoch mit Sahne und Wein abschmecken und servieren. Dazu gibt man Salat nach Art des Hauses und Thymiankartoffeln.

Perdizes con col de Bertumins

(für 2 Personen)

Dr. Knoblauch war mal wieder auf Mallorca. Sein Weg führte ihn an blühenden Mandelbäumen vorbei direkt zum Restaurant „Bertumins“, ganz in der Nähe zwischen Ses Salinas und Colonia de Sant Jordi. Eine freundliche Bauernfamilie empfing ihn. Der erste Trunk ging zu Lasten des Wirts. Dann kam eine ländliche Speisekarte. Daraus suchte Dr. Knoblauch, des großen Hungers wegen, die „Perdizes con col de Bertumins“ für 2 Personen aus. Das Rezept liegt beim Autor im Banksafe, und er versprach, es nur hier und jetzt zu verraten.

2 Rebhühner, 100 g Tartar, 1 Beutel Pinienkerne, 1 l Wasser, 1 gewürfelte Zwiebel, 2 enthäutete, gewürfelte Tomaten, 3 Eßlöffel Olivenöl, 1 ungeschälter Knoblauchkopf, 4 Blätter Wirsingkohl

ohne Strunk (aus der Mitte des Kohls), 100 g kleine Champignons (halbiert), 300 g gewürfeltes Gemüse je nach Saison, 300 g grobgewürfelte Kartoffeln, Salz und weißer Pfeffer aus der Mühle

In einem Kochtopf das Wasser mit 1/2 Teelöffel Salz zum Kochen bringen. Die Rebhühner mit dem Tartar, das mit Salz, Pfeffer und gehackten Pinienkernen gewürzt ist, füllen und je nach Jugend (oder Alter) zwischen 10 und 30 Minuten kochen.
In einem verschließbaren Keramiktopf in heißem Öl die Zwiebel und die Tomaten glasieren. In die Mitte des Topfes die Knoblauchknolle setzen – es sieht sehr dekorativ aus – und mitglasieren lassen. Hin und wieder mit einem Holzlöffel wenden. Das Gemüse hinzugeben, die Kartoffeln, die Brühe und zum Abschluß die Rebhühner mit den Kohlblättern belegen. So etwa 30–45 Minuten köcheln lassen. Nun abschmecken und königlich aus dem Keramiktopf servieren.

Wildschweinkeule, gegrillt

1 kg Wildschweinkeule, 2 Knoblauchzehen, 1 Teelöffel scharfer Senf, grobgemahlener schwarzer Pfeffer

Die Wildschweinkeule ohne Knochen vom Wildhändler vorbereiten lassen. Von der Innenseite wird sie mit den geschälten Knoblauchzehen eingerieben, mit dem Senf bestrichen und dem Pfeffer bestreut. Nun wird sie zu einem Rollbraten zusam-

mengebunden, am Grillstab befestigt und bei stärkster Heizleistung 1 Stunde gegrillt.
Sie sollten sich dazu Thymiankartoffeln und Rosenkohl wünschen.

Gegrillte Hirschkalbskeule

Für den Braten:
1 gespickte Hirschkalbskeule ohne Knochen (etwa 1,5 kg), 100 g Räucherspeck, 1 große Zwiebel, 1 Fleischtomate, 4 Eßlöffel Butter, 1/4 l süße Sahne, 1 Eßlöffel Preiselbeerenmarmelade, 1 Eßlöffel Mehl, Salz und weißer Pfeffer aus der Mühle

Für die Marinade:
3/4 l Rotwein, 1/4 l Olivenöl, 1 Bund Suppengrün (gewürfelt), 8 Wacholderbeeren, 8 weiße Pfefferkörner, 1 Lorbeerblatt, 2 Nelken, je 1 Eßlöffel Estragon, Majoran, Thymian (frisch oder gerieben) gemischt, 2 Knoblauchzehen

Der Wein wird mit dem Öl und dem geputzten und in kleine Scheiben geschnittenen Gemüse sowie den Gewürzen verrührt und in ein Steingutgefäß gegeben. Hierin wird die Hirschkeule 2 Tage lang mariniert. Diese Marinade gilt nach Wunsch für alle Wildgerichte.
Nun zum Bratvorgang:
Die gebeizte Keule wird aus der Marinade genommen und trocken getupft. Die Marinade durchseien. Nun den in Streifen geschnittenen Speck und die geschälte und gewürfelte Zwiebel im vorgeheizten Backofen bei 220 °C mit der gepfefferten und gesalzenen Hirschkeule in der heißen Butter von allen Seiten anbraten. Nach 30 Minuten die Tomatenachtel hinzugeben. Hin und wieder die Keule mit der Beize begießen und insgesamt 1 1/2 Stunden schmoren. Aus dem Fond eine Sauce zubereiten unter Hinzugabe der mit dem Mehl verrührten süßen Sahne, den Preiselbeeren und eventuell noch einem guten Schuß Rotwein.
Bei diesem Festessen sollten Sie sich verwöhnen lassen mit frischen Pfifferlingen und selbstgefertigten Spätzle.

„Knoblauch gegessen / widerstehet allem Gifft / treibet aus die böse breite Würm im Leib. So jhemands von einem wüttenden Hund / Schlangen oder Nater gebissen were / der ess Knoblauch.“

(Hieronymus Boch, 1577)

Meine Hammelkeulen

(für 8–10 Personen)

2 Hammelkeulen, 1 l Olivenöl, 1 Flasche trockener Sherry, 3 Zitronen, 20 Knoblauchzehen, 2 Zweige Rosmarin, 3 Bund glatte Petersilie

In einer großen Keramikschale wird der Sud aus dem Olivenöl, Sherry, aus dem Saft der Zitronen, den zerdrückten Knoblauchzehen, dem abgestreiften Rosmarin und 1 Bund gehackter Petersilie mit einem Holzlöffel verrührt. Nun die Hammelkeulen hineingeben und 2 Tage unter mehrmaligem Wenden marinieren lassen. Stinkt bestialisch! Verzeihung!

In einem bei 250 °C vorgeheizten Backofen die Keulen auf das Blech legen, auf das vorher 6 Eßlöffel Sud verteilt wurden. Bei 200 °C 2½ bis 3 Stunden backen. Gelegentlich mit dem verbliebenen Sud begießen. Nach 2 Stunden einen Holzkohlengrill mit Glut vorbereiten. Es ist die Zeit gekommen, zu der man eine Hilfskraft benötigt. Einer sieht nach dem Braten, der andere im Garten nach dem Grill. Ich mache mir allerdings meine Glut aus Mandelholz selber.

Einen Petersilienbesen vorbereiten, etwa 30–50 cm lang. Man bindet an einen runden Stock die verbliebenen 2 Bund Petersilie fest. Ein toller Effekt! Nun gibt man die Keulen auf den Holzkohlengrill und bestreicht nach Bedarf mit Hilfe des Besens und mit

den Resten des Suds die Keulen unter ständigem Wenden etwa 15 Minuten lang. Vom Feuer nehmen. 5 Minuten ruhen lassen.
Und nun servieren für Ihre Gäste, rustikal aus der Hand, und dazu Weißbrot reichen. Oder aber mit einer aus dem Bratfond hergestellten Sauce, die mit saurem Rahm bereitet wird. Dazu dann Salzkartoffeln mit jungen grünen Böhnchen anrichten.
Eine geradezu sinnliche Delikatesse.

Poulet à la Marengo

(für 1 Person)

Das war das Leibgericht Napoléons!

1 zartes Hühnchen, 4 Eßlöffel Olivenöl, 3 entkernte, geschälte Tomaten, 2 Gläser herber Weißwein, 1 Glas Fleischbrühe, 1 Teelöffel Tomatenmark, 2 Knoblauchzehen, 20 entkernte Oliven, 12 Champignons, 1 knapper Eßlöffel Butter, 2 Messerspitzen Mehl

Das Hühnchen in 8 Stücke teilen, rundherum in dem heißen Olivenöl anbraten und aus dem Topf nehmen. Das Öl wird nun abgegossen. In diesem Topf läßt man jetzt die in Scheiben geschnittenen Tomaten durch ständiges Rühren zergehen, gibt dann den Weißwein und die Fleischbrühe hinzu und kocht die Sauce um ein Drittel ein. Nun das Tomatenmark und die zerdrückten Knoblauchzehen, die Champignons und die Oliven dazugeben. Bei bedecktem Topf köchelt die Sauce sanft für sich dahin. In der Zwischenzeit zerknetet man die Butter mit dem Mehl und gibt es der Sauce in kleinen Flöckchen bei. Jetzt folgen die Hühnerstückchen wieder in den Topf – gut wärmen, aber nicht kochen. Dazu Weißbrot.
Napoléon war der Größte. Immer nach diesem Essen erhebt sich Dr. Knoblauch und legt seine rechte Hand in die Höhe seines Herzens, nicht ohne einige Finger zwischen die Knöpfe seines Hemdes zu stecken. So groß und stolz kommt er sich vor.

Cocido

(spanisches Rezept für 6 Personen)

El Cocido gibt es in zig Variationen; hier ist mein Rezept.

1/2 Huhn, 250 g mageres Rindfleisch, 125 g geräucherter magerer Speck, 250 g Hammelfleisch, 2 1/2 l Wasser, 2 Pakete grob geschnittenes Suppengrün, 4 in Ringe geschnittene Schalotten, 100 g Kichererbsen, 250 g grob geschnittener Wirsingkohl, 2 Räucherwürstchen, 5 große geschälte, gewürfelte Kartoffeln, 4 geriebene Knoblauchzehen, 1 Eßlöffel gehackte Petersilie, Salz

Rindfleisch, Speck, Hammelfleisch und Huhn in kochendes Salzwasser geben. Nach zweistündiger Kochzeit die am Tage vorher eingeweichten Kichererbsen, das Suppengrün, die Zwiebeln und die Würste hinzugeben. Noch 15 Minuten kochen lassen, dann das Fleisch herausnehmen und in Stückchen schneiden. Wenn die Kichererbsen fast gar sind, die Kartoffeln und den Knoblauch hinzutun. Bevor „El Cocido" fast gar ist, das Fleisch wieder dazugeben. Kurz vor dem Servieren mit Petersilie bestreuen.

Huhn auf chinesische Art

(für 6 Personen)

12 Hühnerkeulen, 50 getrocknete Morcheln (1 Tag in kaltem Wasser einweichen!), 2 Eßlöffel Sherry, 4 Eßlöffel Sojasauce, 1 zerdrückte Knoblauchzehe, 2 Tassen Hühnerbrühe, 5 Eßlöffel Olivenöl, 500 g geschnittene frische Champignons, 2 Stangen Porree, 1 Eßlöffel Stärkepuder, 1 Eßlöffel Butter, Salz und Pfeffer aus der Mühle

Den Knoblauch mit dem Sherry und der Sojasauce mischen und die Hühnerkeulen in dem Sud 1 Stunde unter mehrfachem Wenden ziehen lassen. In heißem Öl die abgetropften Keulen von allen Seiten anbraten. Nun den Bratensaft mit der Brühe

und der Marinade auffüllen. Die Morcheln hinzugeben und 30 Minuten bei zugedeckter Pfanne garen lassen.
Die Porreeringe und die Champignons in erhitzter Butter 10 Minuten unter ständigem Rühren garen. Das Gemüse mit dem Stärkepuder binden, salzen und pfeffern, danach unter die Hühnerkeulen heben.
Lecker zu Reis.

Ingwer-Poularden

2 Poularden, 2 große Zwiebeln, 4 Knoblauchzehen, 1 Ingwerwurzel (2 cm), 100 ccm Rotwein, 5 Eßlöffel Olivenöl, 1 kleine Dose Tomatenmark, 1 Messerspitze Zimt, einige Spritzer Tabasco, Salz

Die abgespülten Poularden werden trocken getupft und halbiert. Die Zwiebeln fein würfeln, den Ingwer schälen, reiben und mit dem zerdrückten Knoblauch, mit Tomatenmark, Wein, Zimt, Tabasco und Olivenöl verrühren. Und nun die

Oberflächen der Poularden einreiben. 1 Stunde ruhen lassen. Die Poulardenhälften auf einem Rost in den kalten Backofen schieben, mit einer Fettpfanne darunter. Bei 200 °C 1 Stunde backen. 10 Minuten vor Ende der Backzeit salzen. Warm zu aufgewärmten Baguettes servieren.

Ganz nebenbei bemerkt ...

Dr. Knoblauch rezitiert zu gern ein Gedicht, das seiner Familie entstammt. Leider ist es ein Torso. Vielleicht entfacht es in Knoblauch- und Poetenfans den Wunsch, hieraus wieder ein komplettes Knoblauchmenü zu erdichten.

„Den Knoblauch riechend
Der alte siechend

Der Knoblauch duftend
die Alte schuftend

Der Alte schmiefend
Der Knoblauch miefend

Die Alte schmachtend
Den Knoblauch achtend ...“

(Elisabeth Knoblauch, 1871, Hofgut Knoblochsau)

Straßburger Bäckerofen

(für 6 Personen)

1 Schweinelende, 750 g Rinderschulter, 750 g Hammelschulter, 4 Knoblauchzehen (längs geteilt), 2 Lorbeerblätter, 6 Wacholderbeeren, 1 gestrichener Teelöffel Thymian, 4 kleine Nelken, 1/2 l herber Weißwein, 1/2 l Fleischbrühe
Außerdem: 1,5 kg Kartoffeln (geschält und in 1/2-cm-Scheiben geschnitten), 500 g spanische Zwiebeln (in große Scheiben geschnitten), Salz und schwarzer Pfeffer aus der Mühle

Das gewürfelte Fleisch in einer Steingutform mit allen Ingredienzen 2 Tage marinieren. In einem ausgefetteten feuerfesten Keramiktopf die Hälfte der Kartoffeln verteilen, das Fleisch mit allen Zutaten darüber geben und mit den Zwiebeln belegen. Mit den restlichen Kartoffeln den Bäckerofen schließen, pfeffern, salzen und mit Butterflöckchen bestreuen. Bei 200°C zugedeckt 2 Stunden im vorgeheizten Backofen garen lassen.
Dazu schmeckt Stangenweißbrot am besten, und herber gekühlter Edelzwicker.

Irish Stew

500 g Hammelfleisch (mager und in 3 cm große Würfel geschnitten), 1 Lorbeerblatt, 1 Eßlöffel Butter, 4 Schalotten in Ringen, 2 zerdrückte Knoblauch-

zehen, 1 kg Weißkohl (ohne Strunk, in kleine Vierecke geschnitten), 1 kg rohe Kartoffeln (in Scheiben geschnitten), 1/2 Teelöffel Kümmel, 1/2 Bund gehackte Petersilie, Salz und weißer Pfeffer aus der Mühle

Das Hammelfleisch mit dem Lorbeerblatt in 1/2 l kochendes Salzwasser geben und zugedeckt eine Stunde lang kochen lassen. In der heißen Butter die Schalottenscheiben und den Knoblauch in einem hohen Topf andünsten und mit der Brühe des Hammelfleisches gut auffüllen. Nun lagenweise die Kartoffeln, das Fleisch, den Kohl einlegen, mit Kümmel, Pfeffer und Salz würzen, bis der Topf gefüllt ist. Das Ganze zugedeckt 45 Minuten garen lassen. Kurz vor dem Servieren mit der Petersilie bestreuen.

Eßt keine Zwiebel, keinen Knoblauch, denn wir sollen süßen Odem von uns geben.
(Shakespeare)

Mexikanisches Pfannengericht

500 g Schweinenacken, 200 g Reis, 250 g Fleischtomaten, 2 Eßlöffel Sultaninen, 50 g geschälte Mandeln, 12 schwarze Oliven, 3 Knoblauchzehen, 2 mittelgroße Zwiebeln, 4 Eßlöffel Olivenöl, 1/2 l Fleischbrühe, 2 Bananen, 1 große Avocado, 1/4 Teelöffel Cayennepfeffer, Saft von 1/2 Zitrone, 1 Messerspitze Nelkenpulver, 1 Messerspitze Zimt, Salz und weißer Pfeffer

Die geschälten und gewürfelten Zwiebeln und den gepreßten Knoblauch in dem Olivenöl andünsten. Das gewürfelte Fleisch dazugeben und von allen Seiten anbraten. Den Reis dazutun und mit anrösten. Die Brühe hinzugeben und 20 Minuten dünsten. Die überbrühten, gehäuteten Tomaten achteln, mit den Sultaninen, Oliven und Mandeln unterheben und mit dem Nelkenpulver und dem Zimt würzen. Noch einmal gut erwärmen. Die geschälten Bananen und die geschälte und entkernte Avocado in Scheibchen schneiden und in die

Pfanne geben. Nun Cayennepfeffer, den Zitronensaft zugeben und vorsichtig salzen.
Gebrochenes Weißbrot begleitet dieses Essen.

Ratatouille

2 Auberginen, je 1 grüne und rote Paprikaschote, 3 Fleischtomaten, 3 Zucchini, 1 große Zwiebel, 2 Artischocken, 8 Eßlöffel Olivenöl, 4 Knoblauchzehen, Salz und Pfeffer, 1 Zweig Rosmarin, 1 Zweig Thymian, 1 Tasse Wasser

Das gewaschene Gemüse wird folgendermaßen zubereitet:
Die Auberginen schälen, die Tomaten häuten, Paprikaschoten säubern und alles in Würfel schneiden. Die Zucchini entstielen und wie die geschälte Zwiebel in Scheiben schneiden. Die geputzten Artischockenböden klein würfeln. Alles in einen mit heißem Öl vorbereiteten Schmortopf geben. Den Knoblauch darüberpressen, den Rosmarin- und Thymianzweig unterheben und mit dem Wasser angießen. Nun 1½ Stunden bei zugedecktem Topf köcheln lassen. Abschmecken.
Das Ratatouille kann warm oder kalt, eventuell auch mit Käse überbacken serviert werden. Der Phantasie sind hier keine Grenzen gesetzt.
Diese Beilage sollte vorzugsweise von Hammelkoteletts begleitet werden.

Südländischer Gemüseeintopf

250 g ungeschälte Zucchini (in Scheiben geschnitten), 500 g geschälte Auberginen (in Würfel geschnitten), 250 g grüne Paprikaschoten (in 2 cm gewürfelte Scheiben geschnitten), 3 spanische Zwiebeln (in Ringe geschnitten), 500 g geschälte Tomaten (in grobe Stücke geschnitten), 3 gepreßte Knoblauchzehen, 5 Eßlöffel Olivenöl, 1 Lorbeerblatt, ¼ Teelöffel Thymian, ¼ Bund gehackte Petersilie, ¼ Bund gehacktes Basilikum, Salz und schwarzer Pfeffer aus der Mühle

In heißem Olivenöl die Zucchini, Auberginen und die Paprikaschoten unter ständigem Wenden 5 Minuten anbraten. Die Zwiebeln hinzugeben und weitere 5 Minuten braten lassen. Jetzt sind die Tomaten dran, gesalzen und gepfeffert, der Knoblauch, das Lorbeerblatt und der Thymian. Alles gibt man für ca. 1 Stunde in eine Backröhre, vorgeheizt auf 200 °C. Vor dem Servieren erst werden Petersilie und Basilikum daruntergemischt, dann nochmals abschmecken.
Ihre Gäste freuen sich schon jetzt auf die Schweinekoteletts, die auf dem Holzkohlengrill zubereitet werden. Ein Tip: Kurz vor Beendigung des Grillvorgangs einen Strauß frischen Rosmarin in die Glut geben. Der sich dabei entwickelnde Duft gibt den letzten Pfiff.

Gemüseeintopf, rustikal – bäuerlich

1 kleiner, fester Blumenkohl, 250 g Karotten, 250 g gelbe Rübchen, 1/2 kleiner Wirsingkohl, 1/2 gewürfelte Sellerieknolle, 1 gewürfelte Petersilienwurzel (oder andere oder auch mitverwendete Gemüse, wie: Kohlrabi, Erbsen oder grüne Bohnen etc.; denn es ist ein Gericht nach der Saison), 5 mittelgroße Kartoffeln, 1 Dose Mischpilze (abgetropft), 3 gehackte Knoblauchzehen, 1 Lorbeerblatt, feingehackter Liebstöckel, 1 Eßlöffel Butter, 1 Bund gehackte Petersilie, 1 Bund gehackter Schnittlauch, Salz und weißer Pfeffer aus der Mühle

In einem großen Schmortopf in der heißen Butter die Schalotten dünsten, das gewürfelte oder in kleine Stücke gezupfte Gemüse hinzugeben und mit 1 1/2 l Wasser auffüllen. Mit den Gewürzen und dem Knoblauch 30 Minuten zugedeckt kochen. Jetzt die Pilze dazugeben, umrühren und weitere 15 Minuten köcheln lassen, dann abschmecken. Vegetarier haben ihren Spaß an diesem Schmaus, aber nur dann, wenn vor dem Servieren noch die Petersilie und der Schnittlauch daruntergegeben werden.

Frito Mallorquin

200 g Schweinemilz, 200 g Schweineleber, 200 g Schweinelunge, 200 g Schweineherz, 200 g Schweineniere, 200 g Kutteln, 400 g Kartoffeln, 200 g Blumenkohl, 200 g grüne Bohnen, 6 Artischockenböden, 16 zerdrückte Knoblauchzehen, 3 Lorbeerblätter, 1 Bund gehackter Johannislauch, 1 Bund gehackte glatte Petersilie, 1 Zweig frisches, gehacktes Fenchelgrün, Salz und Pfeffer, 12–15 Eßlöffel Olivenöl

Fleisch und Gemüse werden gewürfelt oder in mundgerechte Stücke gezupft. Da bei diesem Gericht alle Zutaten eine andere Garzeit haben, empfiehlt es sich, die Gemüse und Innereien einzeln behutsam in einer Pfanne in Öl anzubraten und ebenso behutsam zu schmoren. Alles muß gar und doch al dente sein. Jeweils in einen großen Topf geben und hin und wieder durch Schütteln das Frito vermengen. Dazu gehört viel Zeit und Ausdauer. Aber alle Gäste werden es zu schätzen wissen, wenn Sie die Garzeiten sorgfältig berücksichtigen. Zwischendurch ein wenig pfeffern und salzen. Zu den Knoblauchzehen die Lorbeerblätter in die Pfanne geben. Und zuletzt die Petersilie, das Johannislauch und das Fenchelgrün dazugeben. Die Lorbeerblätter werden vor dem Anrichten herausgefischt und als Dekoration auf das Frito gelegt. „Bon Profit“, wünschen sich nun die luchsenden Esser. Der Mallorquiner meint es ernst. Es heißt: „Viel Gewinn.“ Weitere 2 oder auch 3 vorbeieilende Gäste sind herzlich willkommen.
Dr. Knoblauch läßt bei der Zubereitung die Kutteln weg. Er meint, hier hört es mit dem Rustikalen auf.

Pichelsteiner Eintopf

Je 250 g mageres Schweinefleisch, Rindfleisch, Lammfleisch, 100 g Knochenmark, 7 gehackte Knoblauchzehen, 1 kg gewürfelte Kartoffeln, 500 g in Ringe geschnittene Karotten, 1 gewürfelte Sellerieknolle, 2 gewürfelte Petersilienknollen, 1 kleiner Blumenkohl (in kleine Rosetten zerkleinert),

2 gewürfelte Lauchstangen, 1 ganz kleiner Weißkohl (grob zerkleinert), 1/2 l Wasser, Salz und Pfeffer aus der Mühle, 1 Bund gehackte Petersilie

Einen hohen Schmortopf mit ⅔ des Knochenmarks auslegen und schichtweise das Fleisch und das Gemüse hineingeben. Dabei Schicht für Schicht etwas pfeffern und salzen und auf das Fleisch jeweils etwas Knoblauch geben. Die oberste Lage muß aus Kartoffeln bestehen, die jedoch mit dem letzten Drittel Knochenmark belegt wird. Dann gieße man ganz vorsichtig vom Rand des Topfes her das Wasser an. Der Topf sollte selbstverständlich ein gut schließender sein. Man bestreut den Eintopf mit der Petersilie und läßt den Schmaus 2 Stunden garen.

Wirsingeintopf

750 g mageres Hammelfleisch mit Knochen, 1 kleiner Wirsingkohl, 1 Bund Suppengrün, 3 Knoblauchzehen, 500 g Kartoffeln, 1 Teelöffel Liebstöckel, 1 l Wasser, 1 Bund Petersilie, Salz und weißer Pfeffer

In das kochende, mit 1 Teelöffel Salz versehene Wasser das Hammelfleisch geben und je nach Qualität des Fleisches zwischen 1 und 2 Stunden kochen. Dazu den gehackten Knoblauch geben. Den gesäuberten, entstrunkten und geschnittenen Wirsingkohl, die geschälten und gewürfelten Kartoffeln, das gewaschene und gewürfelte Suppengrün und den gehackten Liebstöckel in die Suppe geben, nachdem das Hammelfleisch aus der Brühe genommen worden ist.
Das Fleisch würfeln, den Knochen entfernen, in den Eintopf zurückgeben und nach 30 Minuten mit Pfeffer, Salz und der überstreuten gehackten Petersilie abschmecken.

Chili con carne

500 g Rindergehacktes, 1 grüne Paprikaschote, 1 große Zwiebel, 3 Knoblauchzehen, 2 getrocknete Chilischoten, 850 g geschälte Tomaten aus der Dose, 500 g rote Bohnen aus der Dose, 1 Lorbeerblatt, 1/2 Teelöffel Oregano, Salz und schwarzer Pfeffer, Cayennepfeffer und Tabasco

Die geschälte und gewürfelte Zwiebel, die gepreßten Knoblauchzehen und die gewaschene und entkernte Paprikaschote würfeln. In einer Kasserolle wird Öl erhitzt und die Zwiebel mit den Knoblauchzehen glasig gebraten. Nun das Hackfleisch und die Paprika hinzugeben. Darauf achten, daß durch eifriges Rühren das Fleisch zu Hachee zerfällt. Nach ca. 5-10 Minuten die Temperatur zurückschalten und die gehackten Chilischoten sowie Lorbeerblatt, Oregano und die Tomaten mit dem Saft hinzugeben. Weitere 15 Minuten köcheln lassen. Jetzt die abgetropften Bohnen zugeben. Durchrühren und noch 10 Minuten kochen lassen.

Chili con carne mit Salz, Pfeffer, Cayennepfeffer und Tabasco abschmecken. Alle Esser genießen die Schärfe in vollen Zügen bei viel Tequila.

Cassoulet

500 g weiße Bohnen, 1 1/2 l Wasser, 250 g Schweinefleisch, 250 g rohes Kasseler, 200 g geräucherte Knoblauchwurst, 2 große Zwiebeln, 1 Lorbeerblatt, 1 Bund Suppengrün, 2 Knoblauchzehen, 2 Eßlöffel Schweineschmalz, 1/8 l Rotwein, 2 Eßlöffel Tomatenmark, Salz, schwarzer Pfeffer und Cayennepfeffer

In dem Wasser die Bohnen über Nacht einweichen, dann in dem Einweichwasser mit der Hälfte der geschälten und gewürfelten Zwiebeln, dem Lorbeerblatt sowie Salz zum Kochen bringen. Das Schweinefleisch zugeben und 40 Minuten darin köcheln lassen. Das Fleisch herausnehmen. In einer Pfanne das Schmalz erhitzen und das Kasseler, das geputzte, in Würfel geschnittene Suppengrün, die restlichen Zwiebelwürfel und den gepellten, feingehackten Knoblauch von allen Seiten anbräunen. Den Rotwein zugießen und noch einmal zugedeckt aufkochen lassen.
Dieses Pfannengericht wird nun zu den Bohnen und zur Knoblauchwurst gegeben und soll 1 Stunde weiter köcheln. Die Knoblauchwurst herausnehmen und in dicke Scheiben teilen, das Kasseler halbieren, das Schweinefleisch in Scheiben schneiden.
In eine feuerfeste Form wird mit Hilfe des Schaumlöffels eine Schicht Bohnen gefüllt, das Fleisch darauf verteilt und die restlichen Bohnen darübergegeben. Das Tomatenmark wird mit der Bohnenbrühe verrührt und mit Cayennepfeffer abgeschmeckt. Diese Sauce gießt man über das Cassoulet, bevor es in den Backofen bei 200 °C geschoben und nach 1 Stunde heiß aus der Form serviert wird.

Lammpilaw

500 g Lammbrust, 2 Zwiebeln, 2 Knoblauchzehen, 1/4 l Fleischbrühe, 2 grüne Paprikaschoten, 2 Fleischtomaten, 3 Eßlöffel Olivenöl, 250 g Reis, geriebene Muskatnuß, Salz und Pfeffer aus der Mühle

In einem Schmortopf das Öl erhitzen und das gewürfelte Fleisch von allen Seiten goldbraun anbraten. In einer Pfanne die Zwiebeln und den Knoblauch glasieren. In den Schmortopf geben. Mit der heißen Brühe ablöschen und 1 Stunde köcheln lassen. Die geputzten und entkernten Paprikaschoten in feine Scheibchen schneiden, die überbrühten Tomaten enthäuten, achteln und nach 40 Minuten Garzeit dazugeben. Den Reis in kochendem Salzwasser 18 Minuten garen, dann in ein Sieb abgießen und abtropfen lassen. Das fertige Lammpilaw vorsichtig mit 2 Gabeln unterheben, mit dem frisch gemahlenen Pfeffer und der geriebenen Muskatnuß abschmecken.

Paella

(für 2 Personen)

2 kleine Schweineschnitzel (fettlos), 2 Hähnchenschenkel, 6 kleine Tintenfische, 16 Gambas, 14 Miesmuscheln, 1/2 Tasse grüne Erbsen (tiefgefroren), 1 große rote Paprika, 2 Päckchen Safran, 6 Knoblauchzehen, 4 Eßlöffel Olivenöl, 250 g Langkornreis, Salz, 2 Zitronen

In einer Paellera (Pfanne aus Gußeisen) das Öl erhitzen und die gewürfelten Schweineschnitzel sowie die in 3 cm große Stücke gewürfelten Hähnchenkeulen von allen Seiten anbraten. Kurz vor Beendigung des Bräunungsvorganges die gesäuberten und in Ringe geschnittenen Tintenfische, den gepellten und gehackten Knoblauch, die gewaschene und gewürfelte Paprika dazugeben und mit anbraten. Mit einem Holzlöffel ständig wenden. Den Reis hinzutun und bräunlich-glasig werden lassen. 3/4 l Wasser zugeben, ebenso den Safran. Salzen und auf kleiner Flamme hin und wieder umrühren. Nach 15 Minuten die Erbsen dazutun und verteilen. Mit den gebürsteten Muscheln und den Gambas garnieren. Nach weiteren 5 Minuten die Paella in den vorgeheizten Backofen geben und bei 250 °C noch 10 Minuten überbacken.
Aus der Pfanne servieren, mit Zitronenstückchen zum Beträufeln.
Es ist ein üppiges Gericht für 2 Personen. Jedem Schlemmer sollte 1 Wasserschälchen mit Zitronenstückchen zum Händewaschen gegeben werden, denn die Paella wird nicht nur mit dem Besteck, sondern zum großen Teilen mit den Händen gegessen – nein: genossen.

Mein Auflauf

200 g Muschelnudeln, 300 g Kalbsgeschnetzeltes, 1 rote Paprikaschote, 1 Fleischtomate, 3 Knoblauchzehen, 1 Zweiglein Thymian, 1 Zweiglein Majoran, 1 Zweiglein Estragon, 1 Zweiglein Rosmarin, 2 Blätter Ysop, 1 Becher Sahnejoghurt, 2 Eier, 3 Eßlöffel Butter, 1 Teelöffel geriebener Parmesankäse, 100 g geriebener Emmentaler Käse, Butterflöckchen, Paniermehl, Salz und schwarzer Pfeffer

Die Nudeln in kochendes Salzwasser mit einer Messerspitze Butter geben und sie 10 Minuten al dente kochen. In ein Sieb geben und abtropfen lassen.
In einer Pfanne die Butter erhitzen und das Kalbsgeschnetzelte von allen Seiten anbraten.
Eine feuerfeste Form einfetten und die Hälfte der Nudeln einfügen. Die Hälfte der gewaschenen, entkernten und gewürfelten Paprikaschote, sowie die Hälfte der gewaschenen und in Stückchen geschnittenen Tomate mit den Nudeln vermischen. Das Geschnetzelte darübergeben, salzen und pfeffern. Mit dem gepellten und gepreßten Knoblauch, den gehackten Kräutern und der restlichen Nudel-Paprika-Tomaten-Mischung belegen.
Den Joghurt, die Eier, den Parmesankäse verquirlen und über den Auflauf gießen. Mit dem Emmentaler Käse bestreuen, Butterflöckchen darübergeben und mit ein wenig Paniermehl bestreuen.
Im vorgeheizten Backofen bei 200 °C 40 Minuten überbacken.

Stampfkartoffeln nach Art des alten Schäfers

500 g gewürfeltes Hammelfleisch, 4 gewürfelte Schalotten, 2 gehackte Knoblauchzehen, 1/2 gewürfelte Sellerie, 1 Bund feingehackte Petersilie, 2 Eßlöffel Butter, 1 kg geschälte, gekochte Kartoffeln, Salz, Pfeffer, Muskat, 1/4 l heiße Milch und wenig Butter

Das Hammelgulasch in der heißen Butter anbraten. Nach ca. 10 Minuten Schalotten, Knoblauch und

Sellerie hinzugeben und kurz mit anbraten. Nun die Petersilie unterheben, pfeffern und salzen. In der Zwischenzeit die Stampfkartoffeln zubereiten mit der heißen Milch, etwas Butter, Pfeffer, Salz und geriebenem Muskat. In einer feuerfesten ausgefetteten Form die Stampfkartoffeln (Kartoffelmus, oder wie auch immer Sie es nennen wollen) ausbreiten, die oben zubereiteten Zutaten in die Mitte der Form und der Stampfkartoffeln geben. Den Rand nun mit dem Rest des Kartoffelschnees umgeben und in einem vorgeheizten Backofen bei 200°C überbacken. Das Essen ist zum Servieren bereit, wenn sich am Kartoffelrand eine braune Kruste zeigt.

Lammauflauf

750 g Lammfleisch aus der Keule, 2 große spanische Zwiebeln, 2 Fleischtomaten, 3 Eier, 1/8 l Wasser, 2 Becher Joghurt, 3 gepreßte Knoblauchzehen, 4 Eßlöffel Olivenöl, Salz und schwarzer Pfeffer aus der Mühle

Das magere Lammfleisch in ca. 2-cm-Stücke würfeln. In einem Topf 3 Eßlöffel Öl erhitzen und das Fleisch von allen Seiten anbraten; mit dem Wasser aufgießen. 30 Minuten schmoren lassen. In einer Pfanne mit dem restlichen Öl die Zwiebelringe glasig dünsten. Die Tomaten überbrühen, abziehen und in Scheiben schneiden. Eine Auflaufform einfetten. Zuerst die Zwiebelringe einlegen, gefolgt vom Lammfleisch und den Tomatenscheiben. Den Joghurt mit den Eiern und dem Knoblauch, Salz und Pfeffer mit einem Schneebesen verrühren. Über den Auflauf schütten und gut verteilen. Im vorgewärmten Backofen bei 200°C 1 Stunde überbacken.

Paprikaauflauf mit Räucherspeck

500 g grüne und rote Paprikaschoten, 500 g Fleischtomaten, 500 g große Zwiebeln, 500 g magerer Räucherspeck, 10 Knoblauchzehen, 1 Eßlöffel Olivenöl, 1 Teelöffel frischer, gehackter Rosmarin, Salz und schwarzer Pfeffer, 1/2 Glas Wasser

Das Öl wird in einer Kasserolle erhitzt. Den gewürfelten Speck, die in Scheiben geschnittenen Zwiebeln und den gehackten Knoblauch anschmoren lassen. Die Paprikascheiben dazugeben und dann die geviertelten Tomaten. Jede Schicht soll in sich erhalten bleiben. Jeweils mit Salz, Pfeffer und dem Rosmarin bestreuen und mit wenig Öl beträufeln. Und nun vorsichtig das kalte Wasser in die Kasserolle geben und den Auflauf 20 Minuten dünsten.

Lachsforelle im Tomatenbett

2 kg enthäutete, in Scheiben geschnittene Tomaten, 1 Lachsforelle, 4 Stengel Rosmarin, 16 geschälte Knoblauchzehen, 1/8 l herber Weißwein, Salz und weißer Pfeffer aus der Mühle, 2 Zitronenscheiben

In einer Bratreine 12 Knoblauchzehen und 3 Stengel Rosmarin verteilen. Darauf die Tomaten geben, mit dem Wein beträufeln und die Zitronenscheiben hinzugeben. Die Lachsforelle alle 5 cm einkerben und mit einem Rosmarinblättchen und 1 Knoblauchzehe je Kerbe spicken. Im vorgewärmten Backofen bei 200°C 45 Minuten garen. Vor dem Servieren den Rosmarin und den Knoblauch entfernen. Die Reine auf den Tisch stellen und körnigen Reis dazu anbieten.

Fisch-Paprika-Gulasch

600 g Kabeljaufilet, 300 g große Zwiebeln, je 300 g grüne und rote Paprikaschoten, 1 Knoblauchzehe, 1 Lorbeerblatt, Wacholderbeeren und Pfefferkörner nach Geschmack, 1 Bund Petersilie, Saft von 1 Zitrone, 3 Eßlöffel Olivenöl, 2 Eßlöffel Wasser, 2 Eßlöffel saure Sahne, Salz

Die Kabeljaufilets mit Zitronensaft beträufeln und grob würfeln. Die gewürfelten Paprikaschoten, die gehackte Petersilie, den zerdrückten Knoblauch und die Gewürze in heißem Olivenöl zugedeckt 8 Minuten dünsten. Nun das Wasser und den Fisch zugeben und weitere 10 Minuten zugedeckt garen lassen. Zum Schluß die saure Sahne unterrühren. In der heißen Sommerzeit ist das ein sehr gut verträgliches Essen, wozu Safranreis serviert werden kann.

Spanische Muschelpizza

Für den Teig:
200 g Mehl, 20 g Hefe, 1 Prise Zucker, 4 Eßlöffel lauwarme Milch, 1 Ei, 1 Eßlöffel Olivenöl, 1 gestrichener Teelöffel Salz

Für den Belag:
100 g Champignons (frisch, gereinigt und in Blätter geschnitten), 100 g gekochter magerer Schinken in Würfeln, 2 Tomaten, 10 Oliven (mit Paprika gefüllt), 4 gepreßte Knoblauchzehen, 2 Dosen spanische Muscheln in pikanter Sauce, 3 kleine rote Peperoni, 1/2 Teelöffel Oregano, 1/2 Teelöffel Basilikum, 1 Messerspitze Salbei, 1 Messerspitze Rosmarin, 1 Eßlöffel eingelegter grüner Pfeffer

Das Mehl in eine Schüssel geben und in die Mitte eine Delle drücken für die Milch. Dahinein die Hefe bröseln. Den Zucker hinzufügen und alles zu einem Vorteig verrühren. Diesen 15 Minuten zugedeckt ruhen lassen. Danach das Öl, Ei und Salz

beim Durchkneten hinzugeben, bis die Masse geschmeidig wird und sich vom Schüsselboden lösen läßt. Nach einer kurzen Ruhepause den Teig noch einmal kneten und zu zwei gleichgroßen Teigfladen, etwa 20 cm im Durchmesser, formen. Dann die Fladen auf ein gefettetes Backblech setzen und, mit einem Tuch abgedeckt, noch einmal 30 Minuten aufgehen lassen.

Aus den angegebenen Zutaten wird der Belag bereitet und auf die Pizzas verteilt. Dann werden sie bei 250 °C ca. 20 Minuten gebacken.

Schellfisch, portugiesisch

1 Schellfisch ohne Kopf (bis zu 1,5 kg), 1/4 l Olivenöl, 3 zerdrückte Knoblauchzehen, 1 Teelöffel schwarzer Pfeffer aus der Mühle, 2 Teelöffel Salz, 1 Eßlöffel Oregano, 1 Bund gewiegte Petersilie, 1 Bund gewiegter Dill

Für die Sauce:
8 Eßlöffel Salatmayonnaise, 4 Eßlöffel Milch, 4 Eßlöffel Schlagsahne, Saft von 1/2 Zitrone, 1 Bund gehackte Petersilie, 1 Bund gehackter Schnittlauch, 1 Bund gehackter Dill, 1 Kästchen gehackte Kresse, Salz und gemahlener Pfeffer aus der Mühle, Worcestersauce nach Geschmack

Das Öl mit dem Knoblauch, Oregano, Pfeffer und Salz verrühren und über den in 2 cm dicke Scheiben zerteilten Schellfisch geben. Einen Tag im Kühlschrank ziehen lassen.
Dann den abgetropften Fisch in einer heißen Pfanne, die gut halb mit dem Fett ausgefüllt sein muß, von jeder Seite zwei Minuten braten. Mit Salz, Pfeffer, Petersilie und Dill würzen und warm halten.

Alle Zutaten für die Sauce verrühren und separat zu dem Fisch reichen.

Seezunge vom Grill

4 Seezungen, 1/2 Eßlöffel Zitronensaft, 4 gepreßte Knoblauchzehen, 4 gehäufte Teelöffel Paniermehl, 1 Bund gehackte Petersilie, 2 Stengelchen Basilikum, 8 Eßlöffel Olivenöl

Die Seezungen ausnehmen, waschen, trocken tupfen und danach mit wenig Zitronensaft beträufeln. Die restlichen Ingredienzen mit dem verbliebenen Zitronensaft vermischen und in einer Tonschale 20 Minuten unter ständigem Wenden ziehen lassen. In einem Grill oder auf dem heißen Gartengrill beidseitig braten.
Zitronenscheiben und trockenen Weißwein dazu reichen – sonst nichts.

Meerbarben

(für 2 Personen)

8 Meerbarben, wenig Mehl, 3 Eßlöffel Olivenöl, 2 Knoblauchzehen, Petersilie nach Geschmack, 1 Zitrone, Salz und Pfeffer

Die ausgenommenen, gewaschenen und abgetupften Meerbarben kurz in Mehl wälzen und in heißem Öl von beiden Seiten je nach Größe zwischen 3 und 5 Minuten goldbraun braten. Die gehackte Petersilie und den gehackten Knoblauch zu dem Öl geben. Daraus eine Sauce mischen und über die Barben geben. Individuell salzen, pfeffern und mit Zitronensaft beträufeln.
Dazu frischen Salat und Weißbrot reichen.

Notizen:

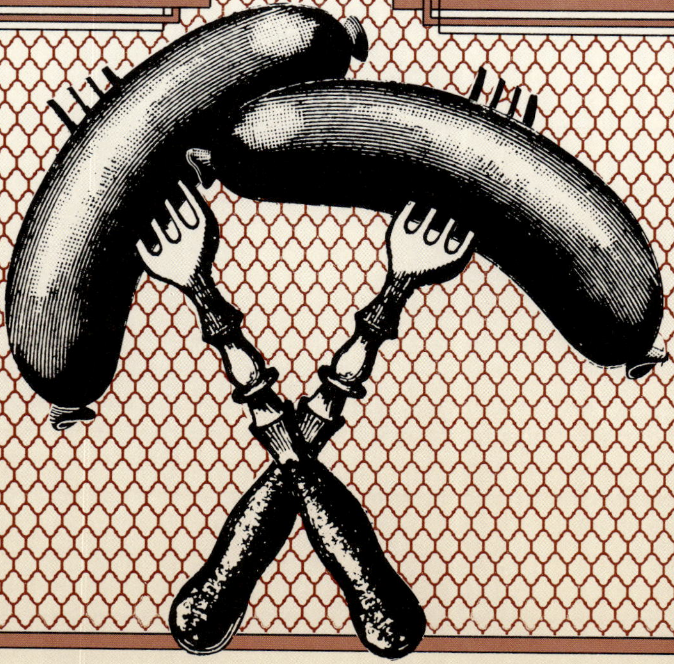

Würste

Einige Tips zur Wurstherstellung

1. Mit trockenen Händen die Wurstmasse mindestens 15 Minuten durchkneten.
2. Die Rohwursthüllen sollten immer mindestens 15 Minuten kalt gewässert werden; das Wasser anschließend ausstreifen.
3. Niemals eine Wasserzugabe bei Rohwurst.
4. Nur im Kaltrauch darf die Rohwurst geräuchert werden.

Frankfurter Knoblauchwürste

So wurden sie von der Oma noch selbst gemacht

2 Teile zartes Schweinefleisch und 1 Teil Kalbfleisch aus der Keule werden nicht zu fein gehackt, mit Salz, Pfeffer und mit feingehackten Knoblauchzehen gewürzt. Dann gießt man kalte, fette Brühe darüber und mischt die Masse gut durch. Sie wird nun in runde Schweins- oder Rindsdärme gefüllt, und man bindet daraus handlange Würste. Die Knoblauchwürste werden luftig zum Trocknen aufgehängt oder ein wenig geräuchert.
Um den Frankfurtern einen intensiveren Knoblauchgeschmack zu geben, schält und hackt man eine ganze Knoblauchknolle und bedeckt sie mit bestem Kognak oder Arrak. Nach einigen Stunden ist der Knoblauch durchgezogen. Mischbrotscheiben mit wenig Butter, aber dick mit der Wurst bestreichen und je nach Belieben sich des Knoblauchs bedienen.
Das ist ein Rezept von Dr. Knoblauchs Urgroßmutter. Sie hat die Anweisung so ungenau überliefert, daß es bisher drei weitere Generationen nicht geschafft haben, erstklassige Frankfurter Knoblauchwürste herzustellen. So entstanden dann die echten **Neu-Isenburger Frankfurter Würstchen.**

Kochsalami

1 kg mageres Schweinefleischgehacktes (8-mm-Scheibe), 600 g mageres Rindfleischgehacktes (4,5-mm-Scheibe), 400 g Rückenspeck ohne Schwarte (8-mm-Scheibe), 50 g Pökelsalz, 1 Eßlöffel gemahlener weißer Pfeffer, 1 Teelöffel Kümmel, 2 geriebene Knoblauchzehen

Fleisch, Speck, Pökelsalz und Gewürze miteinander gut vermengen, d. h. mit den Händen durcharbeiten. Anschließend stramm in Natur- oder Kunstdärme füllen. Danach 1 Stunde brühen.

Knobliner

1,2 kg mageres Schweinefleischgehacktes (4,5-mm-Scheibe), 500 g Rindfleischgehacktes (4,5-mm-Scheibe), 300 g Räucherspeck ohne Schwarte (8-mm-Scheibe), 50 g Pökelsalz, 3 geriebene Knoblauchzehen, 1 Tasse Rindfleischbrühe, 1 Teelöffel Zucker

Fleisch, Speck, Gewürze und Bouillon gut mit den Händen vermengen. In Schweinedärme füllen und etwa alle 10 cm abdrehen. In heißem Wasser bei 75 °C 30 Minuten ziehen lassen.

Grillrollen

600 g mageres Hammelfleischgehacktes (4,5-mm-Scheibe), 400 g mageres Rindfleischgehacktes (4,5-mm-Scheibe), 20 g Salz, 3 Teelöffel weißer Pfeffer aus der Mühle, 1 Teelöffel frisch geriebene Muskatnuß, 5 geriebene Knoblauchzehen, 2 1/2 Eßlöffel Distelöl

Den Knoblauch in dem heißen Öl glasieren und mit allen Gewürzen zum Fleisch geben. Mit den Händen vermengen und gut durchkneten. Aus dem Gehackten nun ca. 5 cm lange und ca. 2 cm starke Röllchen formen, mit Öl bestreichen und von allen Seiten grillen.

Frische Knoblauchmettwurst

700 g mageres Schweinefleischgehacktes (4,5-mm-Scheibe), 300 g Speck ohne Schwarte (4,5-mm-Scheibe), 30 g Pökelsalz, 1 Eßlöffel weißer Pfeffer aus der Mühle, 100 g geriebene Zwiebeln, 2 geriebene Knoblauchzehen

Das Hackfleisch mit allen Gewürzen und dem Speck mit den Händen vermengen und gut durchkneten, in Wursthüllen stopfen und kurz abbinden. Bei Zimmertemperatur die Würste 1 Tag hängen lassen, und dann sofort in den Kühlschrank damit. Sie halten sich nur wenige Tage.
Diese Knoblauchmettwurst darf in keinem Fall aus aufgetautem Fleisch hergestellt und wieder eingefroren werden.

Leberwurst

1 kg Schweinekopffleisch, 1 kg Schweineleber, 1 kg Schweinebauch (fett, mit Schwarte), 2 große geputzte, gewürfelte Karotten, 1 Stange feingewürfelter Lauch, 1/2 kleine geputzte, gewürfelte Sellerieknolle, 60 g Salz, 2 Eßlöffel schwarzer Pfeffer aus der Mühle, 2 Eßlöffel gerebelter Majoran, 2 Tassen Schweinebrühe, 4 geriebene Knoblauchzehen, 1 Eßlöffel Butter

Den Schweinekopf und -bauch sowie Sellerie und Karotten 2 Stunden kochen lassen. Dann das Fleisch vom Kopf lösen. Lauch und Knoblauch in der Butter in einer Pfanne glasieren. Nun werden mit Ausnahme aller Gewürze die Zutaten durch den Fleischwolf (4,5-mm-Scheibe) gedreht. Danach alles mit den Händen durchkneten, in Därme oder Wursthüllen füllen und 30 Minuten brühen.

Notizen:

Süßspeisen

Ganz nebenbei bemerkt ...

Dr. Knoblauchs beliebtesten Reiseziele sind die Inseln Menorca und Mallorca. Auf beiden Inseln haben es ihm die Megalithkultur und der Knoblauch angetan.
So genießt er auf Menorca eine köstliche Delikatesse. Eine dicke Scheibe Weißbrot wird mit Knoblauchkäse bestrichen und mit Pfirsichmarmelade belegt. Dr. Knoblauch sagt dazu: Nicht kritisieren, sondern probieren.
Nach Mallorca lockt ihn immer wieder die Königin aller Süßspeisen – die Ensaimada. Sie besteht aus feinstem Weizenmehl und wird in heißes Schmalz getaucht. Sie wird natur, mit Puderzucker bestreut oder mit Schlagsahne gefüllt gegessen. Was den Knoblauch anbelangt, sind die Mallorquiner sehr erfindungsreich. So belegen sie die Ensaimada mit Sobrasada. Es ist eine fette Paprikaschweinewurst, die kräftig mit Knoblauch gewürzt ist.
Alle Menschen der Gegenwart, die guten Willens sind, alle Gläubigen, alle guten Beichtväter, alle, die ihr Geld in Zinsen anlegen, alle Rentner, alle, die immer lieb an ihre Eltern denken, alle untadeligen Menschen mögen die Ensaimada. Für alle anderen gilt das Bäckerwort: Ausverkauft!
Die Liebhaber der Ensaimada sind Menschen der Gerechtigkeit und der Ausgewogenheit. Man sollte alle Richter zu Ensaimadagenießern machen!

Kürbis, ganz einfach – aber anders

1 Kürbis von ca. 5 kg, 250 g Zwiebeln, 750 g Schweinefleischgehacktes, 4 Knoblauchzehen, 200 g Langkornreis, 2 Eßlöffel Currypulver, 6 Eßlöffel Olivenöl, Salz und Cayennepfeffer, 100 g getrocknete Aprikosen, 50 g Rosinen, 6 Scheiben Toastbrot, $^3/_8$ l Schlagsahne, 9 Eier

Vom Kürbis die Kerne und das sie umgebende weiche Fruchtfleisch entfernen, dann aushöhlen, so daß vom festen Fleisch ca. 1 cm an der Schale

zurückbleibt. Die Höhlung wird sparsam mit Salz eingerieben und mit der Öffnung nach unten zum Abtropfen gestellt. In der Zwischenzeit wird die Füllung so vorbereitet: Vom Kürbis werden 500 g abgetrennt und fein gewürfelt (den Rest anderweitig verwenden). Die geschälten Zwiebeln feinstens würfeln. Im erhitzten Öl zuerst die Zwiebeln glasig dünsten, dann nacheinander Reis, Kürbisfleisch und Gehacktes hinzugeben und anschmoren lassen. Mit dem Currypulver bestreuen und durchschwitzen. Die durchgepreßten Knoblauchzehen, die in Streifen geschnittenen Aprikosen und die Rosinen zugeben. Das Toastbrot würfeln und darüber verteilen. Nun das Ganze mit Salz und Cayennepfeffer abschmecken. Die Innenseite des Kürbis trocken tupfen. Den Kürbis nun in einen feuerfesten Topf stellen, in dem er Halt findet. Jetzt wird die Füllung hineingegeben. Die Eier werden mit der Sahne verquirlt, leicht gesalzen und behutsam über die Füllung gegeben. Der gefüllte Kürbis wird bei 200 °C auf die unterste Einschiebeleiste gestellt und in 2 1/2 Stunden, mit einer Alufolie bedeckt, gegart. Allerdings wird nach 1 1/2 Stunden die Alufolie entfernt. Er sollte vor dem Servieren im ausgeschalteten Backofen 10 Minuten ruhen, dann aber, aus Gründen der Originalität, aus dem Kürbis heraus direkt serviert werden.

„Mal was anderes“, so sagte Kurt Kusenberg, der deutsche Schriftsteller.

Knoblauchpudding à la Gilroy

Gilroy, ein Städtchen südlich von San Francisco, USA, gelegen, bezeichnet sich als heimliche Hauptstadt des Knoblauchs in der Welt. Es finden jährlich Festivals statt zu Ehren des Knoblauchs. Man tanzt und kocht tagelang um die Knoblauchknolle bei Lust und Leid. Die „Feinschmeckerstraße“ hat 1979 drei Zentner Knoblauch verarbeitet.

2 Knollen Knoblauch, 3 dl kaltes Wasser, 200 g Zucker, 1 Päckchen weiße Gelatine, Prise Salz,

4 Eßlöffel Zitronensaft, geriebene Schale von 1/2 ungespritzten Zitrone, 2 Eiweiß, Prise Muskatnuß

In Alufolie locker gewickelte Knoblauchknollen in einem auf 200°C vorgeheizten Backofen 30 Minuten garen. Die weichen Zehen auswickeln und in dem Wasser aufkochen. Nun den Knoblauch herausnehmen. Den Zucker, die Gelatine und das Salz in dem kochenden Knoblauchwasser auflösen. Den Sud von der Herdplatte nehmen und Zitronenschale und Zitronensaft hinzufügen. Abkühlen und gelieren lassen. In eine große Schüssel geben und unter Zugabe der Knoblauchzehen sowie dem Eiweiß steif schlagen. In eine Kuchenform umschütten und im Eisfach des Kühlschranks erstarren lassen. Danach stürzen, mit der Eiersauce wie folgt nappieren und mit wenig Muskatnuß bestreuen.

Eiersauce

4 Eigelb, 50 g Zucker, Prise Salz, 1/2 l Vollmilch

Die Eigelbe mit Zucker und Salz schaumig rühren und in die heiße, aber nicht kochende Milch gießen. So lange rühren, bis eine sämige Bindung entstanden ist. Während des Abkühlens gelegentlich umrühren.

Dieses Dessert wird für 8 Personen gereicht. Wer Mut hat, kann sich noch einen Nachschlag holen.

Weiße Knoblauchschokolade

Dr. Knoblauch hörte davon in Israel. Hier soll es dafür eine Fabrik geben, oder gab es die einmal? Jedenfalls, er fand sie nicht. Es liegt ihm aber die Karte einer Israelin vor mit der Bestätigung, daß es eine derartige Schokolade geben soll.
Dr. Knoblauch kam auf seiner Mittelmeerkreuzfahrt auch an Sizilien vorbei, ging an Land und hatte Erfolg. Hier fand er die **Edelsteine Siziliens.**

50 große geschälte Knoblauchzehen, 500 g Couverture, 2 Teelöffel Cointreau oder Grand Marnier, 100 g feingehackte Walnüsse

Da es sich hierbei um zukünftige Pralinen handeln soll, müssen die Knoblauchzehen in Eiswasser gelegt sein. Das Aroma bleibt somit erhalten. Langsam die Schokolade im Wasserbad schmelzen und den Likör einrühren.
Die Knoblauchzehen werden getrocknet, mit der Schokolade überzogen und mit den Walnüssen paniert. Sofort danach einzeln auf eine Alufolie zum Erstarren legen.
„Ein Dessert, nach dem man sich die Finger leckt", so Dr. Knoblauchs Kommentar.

Zum Nachtisch kommt dann eine recht vertrauenerweckende Pastete mit einer Verzierung, die man für Orangenscheiben mit Zucker bestreut halten kann, bis sich herausstellt, daß es sich um eine durch Knoblauch angereicherte Pastete mit Schweinefrikassee handelt.

(George Sand: „Ein Winter auf Mallorca")

... und zum guten Schluß

Knoblauchwein

Ein Jungbrunnen des Alters!

Man gibt in eine Literflasche 3 gepellte und zerdrückte Knoblauchzehen und reinen Alkohol. Die Flasche bleibt verschlossen zwei Wochen in der Sonne stehen. Dann wird der Knoblauchalkohol abgeseiht. Nun beginnt die Kur. In ein Glas mit warmem Wasser 2 Tropfen Knoblauchwein geben und täglich um 2 Tropfen steigern. Die Dosis bis auf 24 Tropfen erhöhen – und nun im umgekehrten Sinne verfahren. Das köstliche Getränk sollte täglich vor dem Essen als Aperitif genommen und die Kur mehrmals im Jahr wiederholt werden.

Notizen:

Die Rezepte im einzelnen

Vorspeisen

Suppen

Saucen und Tunken

Hauptgerichte

III. Eintöpfe und Aufläufe

IV. Fisch

Würste

Süßspeisen

In dieser Reihe sind bereits erschienen:

Von Anisplätzchen bis Zimtsternen
Rund um das weihnachtliche Backen
(mit einem Ausschneidebogen für das Pfefferkuchenhaus)

Rund um die Knödel

Meine Küche
(ein Leerkochbuch für eigene Rezepte, Notizen und Aufzeichnungen)

Wie duftet's köstlich aus der Pfanne
Rund um Omeletts, Crêpes und Palatschinken

Das Kochbuch für junge Leute

Zwiebeln – zum Heulen gut
Geschichte, Naturapotheke, Rezepte

Mein Schatzkeller
Ein Wein-Journal für Geniesser und solche, die es werden wollen.

Fragen Sie Ihren Buchhändler oder schreiben Sie uns.
Wir schicken Ihnen gern unser Verlagsverzeichnis.

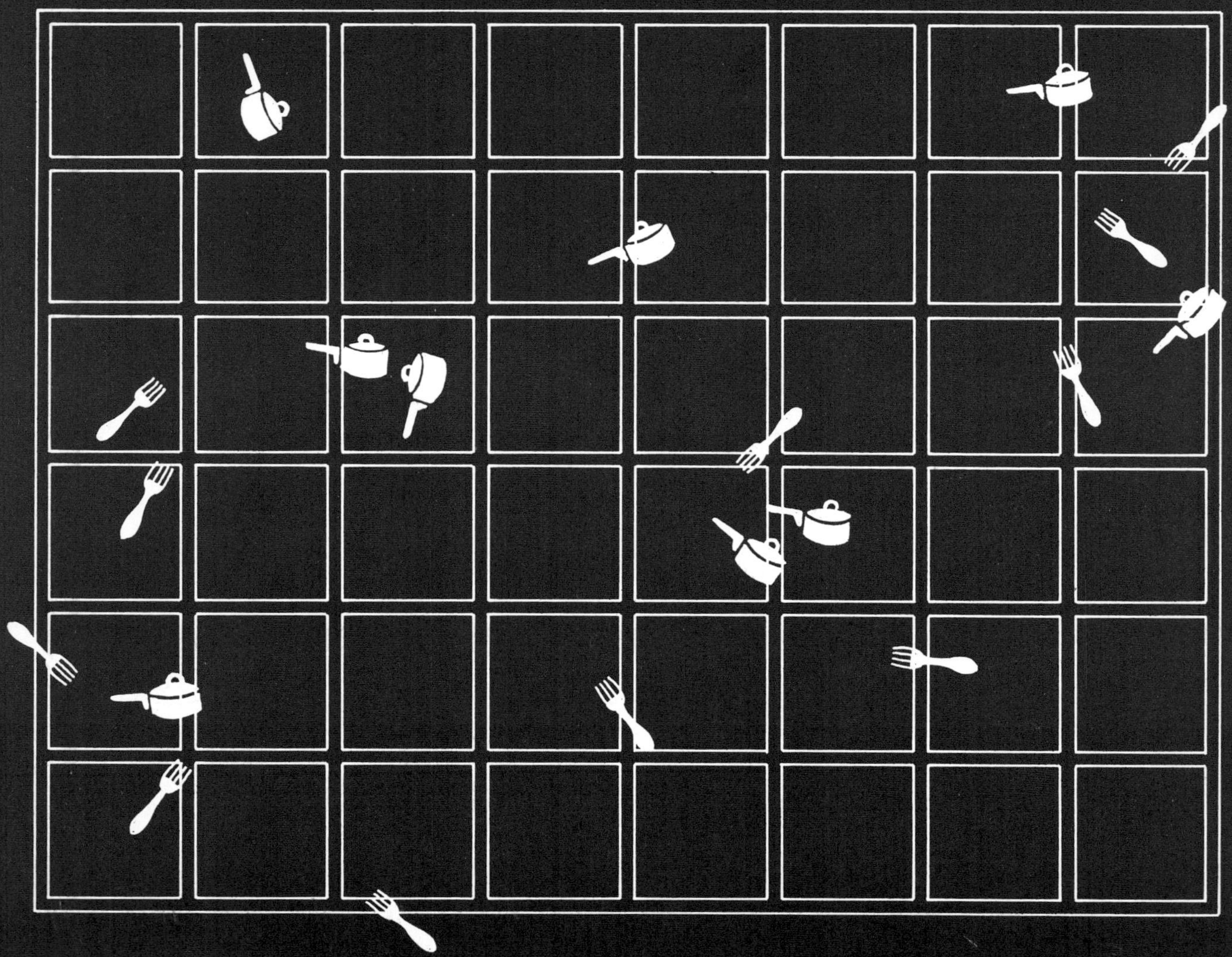